U0871453

美丽中国建设视域下的阿格尔异化消费理论

李　宁　◎著

中国戏剧出版社
CHINA THEATRE PRESS

图书在版编目（CIP）数据

美丽中国建设视域下的阿格尔异化消费理论 / 李宁
著. -- 北京 : 中国戏剧出版社, 2022.11
ISBN 978-7-104-05247-0

Ⅰ. ①美… Ⅱ. ①李… Ⅲ. ①马克思主义—消费经济
学—异化（哲学）—研究—中国—现代 Ⅳ. ①A811.66

中国版本图书馆 CIP 数据核字（2022）第 110507 号

美丽中国建设视域下的阿格尔异化消费理论

责任编辑：郭峰
项目统筹：李静
责任印制：冯志强

出版发行：中国戏剧出版社
出 版 人：樊国宾
社　　址：北京市西城区天宁寺前街 2 号国家音乐产业基地 L 座
邮　　编：100055
网　　址：www.theatrebook.cn
电　　话：010-63385980（总编室） 010-63381560（发行部）
传　　真：010-63381560

读者服务：010-63381560
邮购地址：北京市西城区天宁寺前街 2 号国家音乐产业基地 L 座

印　　刷：北京九州迅驰传媒文化有限公司
开　　本：787mm×1092mm 1/16
印　　张：9.5
字　　数：211 千字
版　　次：2022 年 11 月 北京第 1 版第 1 次印刷
书　　号：ISBN 978-7-104-05247-0
定　　价：88 元

2021年度大连外国语大学学科建设专项经费资助项目；2022年度高校思想政治理论课教师研究专项一般项目“高校思政课教学用‘学术话语讲故事’的实施路径研究”（项目编号：22JDSZK023）的阶段性成果；2019年度大连外国语大学科研基金项目”阿格尔异化消费理论及其当代价值“（项目号2019XJYB01）的最终成果。

前　言

美丽中国是中国共产党的十八大报告首次提出的全新概念，把生态文明建设摆在总体布局的高度来论述，表明我们党对中国特色社会主义总体布局认识的深化，也彰显了中华民族对子孙后代、对世界负责的人类命运共同体精神。本·阿格尔 (Ben Agger，1952—，美国得克萨斯大学社会学教授，以下简称阿格尔) 作为生态学马克思主义的重要代表人物，在其 1979 年出版的《西方马克思主义概论》一书中，通过阐释异化消费的概念、本质和危害，预言异化消费直接导致生态危机并最终威胁到人类生存，为人类指出一条构建生态社会主义的出路。阿格尔异化消费理论不仅有助于我们全面把握异化消费的本质和当代资本主义的发展趋势，而且对于认识和解决中国异化消费现象带来的生态危机，实现美丽中国建设的宏伟目标具有启示意义。诚然，阿格尔提出的方案具有乌托邦性质，但是他对异化消费本质的批判、后果的揭示以及构建生态消费社会的深刻思考与理论贡献，为新时代美丽中国的建设提供了可循之迹。

本书以马克思主义理论为指导，在阅读原著与相关文献的基础上，对阿格尔异化消费理论进行了系统梳理和阐述，包括阿格尔对异化消费的内涵、本质、后果及解决对策等方面的理论贡献和研究成果，并且对其局限性进行了分析。运用理论联系实际的方法，分析凝练出阿格尔对于美丽中国建设的启示，主要有四个方面。首先，拓展并深化了我们对生态学马克思主义的认识和理解。本书从阿格尔异化消费理论作为生态学马克思主义的核心议题的地位、其超越其他生态学马克思主义同行的理论高度以及对马克思主义理论继承和发展等方面，把握了生态学马克思主义的实质和价值。其次，警醒并提升了我们对中国异化消费问题的认识。在考察改革开放以来中国社会异化消费的表现、特点及后果基础上，分析其产生的原因及危害，从“资本与异化消费”“技术与异化消费”“文化与异化消费”以及“劳动与异化消费”四个方面进一步把握异化消费产生、发展、消亡的历史规律。再次，佐证并深化了对美丽中国建设的认识。通过对中国生态文明建设提出的“绿色发展”目标、“五位一体”总体布局、“生态红线”警示制度三个方面分析，阐述了阿格尔异化消费理论的贡献对美丽中国建设的借鉴价值。最后，促进并强化了生态人格的构建与培育。从生态人格目标、生态人格构建以及生态人格培育三个方面，阐述了阿格尔异化消费理论对中国社会主义生态人格培育这一美丽中国建设长久保障机制的启示。以上四个方面从理论借鉴、现实问题、目标解读、实现机制等维度阐释了阿格尔异化消费理论对美丽中国建设的启示，彰显了生态命运共同体的全球性本质。

目　录

第一章　研究阿格尔异化消费理论的意义与方法

研究阿格尔异化消费理论对中国的现实意义，必须建立在对阿格尔思想的客观全面理解之上。本章从对阿格尔异化消费基本概念的阐释出发，界定了这个概念的本土含义，为进一步阐释研究背景和意义奠定了基础。在国内外文献述评的基础上，确立了本书研究思路和方法。

第一节　研究背景与意义

一、基本概念

1. 生态学马克思主义

全球性的生态问题日益凸显，面对这一问题，生态学马克思主义者从生态学的角度重新审视人与自然的关系，将工业化时代人与自然如何和谐相处作为一个亟待解决的问题。目前，中国学者有相关几种译法：生态马克思主义、生态学马克思主义和生态学的马克思主义。“生态学马克思主义”被介绍到中国已经有三十多年的历史，1986 年王瑾教授第一次介绍“生态学马克思主义”；1987 年慎之教授在《光明日报》上发表《“生态学马克思主义”评价》，1989 年慎之教授翻译并出版阿格尔的《西方马克思主义概论》一书，将“the Ecological Marxism”翻译为“生态学马克思主义”。在当时并没有引起学术界的广泛关注，直到 20 世纪 90 年代，中国学者开始越来越多地研究相关内容，逐渐产生了不同的译法，这几种译法没有明显区别和本质的差异，鉴于中国学者使用“生态学马克思主义”这一译法频率最高，本书采用该种译法。

作为西方马克思主义最新流派之一的生态学马克思主义，它以马克思主义的立场、观点和方法为指导，以研究人与自然的关系为理论主题，是实现生态学与马克思主义交叉结合的西方马克思主义新流派。生态学马克思主义揭示了当代生态危机的根源是资本主义制度及其生产方式，强调借助于实现社会制度和道德价值观的双重变革，通过生态社会主义社会来解决生态危机。① 其主要代表人物有：加拿大的阿格尔、莱斯，英国的佩珀，法国的高兹、格伦德曼、休斯，美国的奥康纳、福斯特等。在西方马克思主义各个流派之中，以马尔库塞为代表的法兰克福学派开始最早关注全球性的生态危机这一现实问题，成为生态学马克思主义的理论先导。阿格尔作为生态学马克思主义的重要代表人物，他在 1979 年自己的专著《西方马克思主义概论》中的第七章“重新研究危机理论：现代马克思主义的诸多方面”内容中，专门以“走向生态学马克思主义”为题写了一节，在这节中阿格尔正式将“生态学马克思主义”这一概念提出来。自 20 世纪 70 年代中期以后，阿格尔在近 40 年的学术生涯中出版了 10 多部学术专著，在他的学术生涯中他继承并发扬了法兰克福学派，特别是马尔库塞的理论传统和精华，积极汲取了左派后现代主义、女权主义、文化研究等批判性社会力量的激进因素，运用马克思的方法论分析西方资本主义社会的发展状况和现实问题，提出了异化消费导致生态危机的论断，确定了他的异化消费理论和关于资本主义的生态危机理论。② 阿格尔对资本主义的生态危机进行深入思考，并分析了资本主义生态危机的现实根源，希冀找到一条解决生态危机的通往生态社会主义的道路。③ 作为西方马克思主义学者，阿格尔提出的“生态学马克思主义”有理论勇气，也有学术价值，当然也有理论冲动，有些观点仅为他的一家所言，例如他认为，马克思主义经济危机理论已经过时，资本主义的生态危机已经取代经济危机。这种片面的观点势必引起理论的关注和争论，但这些都是理论发展中的正常现象。

---

① 王雨辰：《生态马克思主义与生态文明研究》，人民出版社2015年版。
② 张凤翠：《本·阿格尔的生态学马克思主义研究》，吉林大学博士学位论文，2015年，第6页。
③ 王学伟：《马尔库塞与阿格尔生态马克思主义理论之比较和评价》，《学术交流》2008年第12期。

2. 异化与异化消费

《辞海》中“异化”一词译自德语“Entfremdung”，意思是“转让、脱离、疏远”等。在德国古典哲学中，对异化的解释是：异化是一个哲学术语，指主体在一定的发展阶段从自身分裂变成外在的异己力量，成为自己的对立面，并随着对象化的自在之物对人的影响和制约不断加深，人们愈发受到这种对象物反过来对人自身的奴役。马克思在《1844年经济学哲学手稿》中首次表述异化劳动的概念：劳动是人类的本质，资本主义的私人占有制下劳动发生异化的表现是：工人与劳动产品发生异化；劳动本身发生异化；人与其自身类本质发生异化；人与人之间相互关系发生异化。① 其中，人与其自身类本质的异化是劳动异化的结果，是最为本质的异化。马克思借助异化劳动这一概念，目的是通过对异化劳动的扬弃来阐述资本主义社会中雇佣劳动和资本主义的对抗关系，探讨人类历史发展的规律，以此说明共产主义社会的历史必然性。

阿格尔在其著作《西方马克思主义概论》中首次明确异化消费的概念，指出“异化消费是人们为补偿自己单调的、乏味的、非创造性的，且常常是报酬不足的劳动而致力于获得商品的一种现象”。② 可见它认为异化消费是一种过度“获得商品”的消费现象，这种过度消费原因在于对“异化劳动”的补偿，这种“单调的、乏味的、非创造性的”劳动是“报酬不足”的资本主义生产过程的特征，它在给人们带来对商品的期待的同时也带来这种期待的破灭。阿格尔从异化消费着手，认为人们日益增长的需求同生态系统的有限性之间的矛盾势必会引起人们对源源不断商品期待的破灭，这种“期待破灭的辩证法”势必引发社会变革，阿格尔提出通过分散化和非官僚化走向生态社会主义来进行社会变革，以此探寻摆脱生态危机的根源和途径。在阿格尔生态学马克思主义理论中异化消费是其核心的观点之一，异化消费是当代资本主义在一个新的领域即消费领域出现的一种甚为普遍的社会现象。阿格尔基于社会现实，他看到了从异化生产到异化消费所引发的生态危机，不仅破坏了生态领域的平衡，而且引发了人的异化，阻碍了人的全面发展。

---

① 马克思：《1844年经济学哲学手稿》，人民出版社2000年版。

② ［美］本·阿格尔：《西方马克思主义概论》，慎之等译，中国人民大学出版社1991年版。

本书在阿格尔异化消费概念的基础上，对我国处于社会主义初级阶段出现的一种与社会发展目标不相和谐的异化消费现象进行了研究和定义。主要是指人们致力于用物质消费的方式满足自己对于身份和地位的欲望，而无暇顾及社会和自然中的其他主体利益的消费行为和现象。主要有以下特征：第一，将消费等同于幸福，用消费的方式来换取自我满足感；第二，把物质消费满足当作人的真正需要，致力于满足永无止境的物质性欲望；第三，只管无度消费满足，无视社会后果；第四，消费成为满足精神和其他一切需要的依赖。

3. 美丽中国

当前中国也面临着严峻的生态危机，基于中国“五位一体”建设的总体要求，美丽中国建设的宏伟目标顺应时代的发展而产生，“美丽中国”这一概念源于中国共产党第十八次全国代表大会，是首次提出的全新概念，把生态文明建设摆在总体布局的高度来论述，在经济、政治、文化和社会建设的基础上凸显了生态文明建设的重要性，表明我们党对中国特色社会主义总体布局认识的深化，也彰显了中华民族对子孙、对世界负责的人类命运共同体精神。在十八届五中全会上，“美丽中国”被纳入“十三五”规划，这是“美丽中国”第一次被纳入五年计划。2020—2035 年是中国社会发展的第一阶段，“美丽中国目标基本实现，生态环境实现根本好转”；2035 年到 21 世纪中叶是中国社会发展的第二阶段，建成美丽中国，实现“五位一体”的发展格局。建设美丽中国是中国社会主义现代化的目标之一，如何建设美丽中国，走什么样的现代化道路，实现什么样的现代化问题关系到美丽中国建设的成效。中共十九大报告明确指出：“把我国建设成为富强民主文明和谐美丽的社会主义现代化强国”[①]，加强生态文明建设，建设美丽中国，美丽中国是新时代针对遭遇的生态恶化、国内外环境受到破坏，生态危机日益加剧这一现实形势而提出的，是建设中国特色社会主义现代化强国必然追求的目标。

“美丽中国”的提出是针对资源枯竭和环境恶化而制定的整体解决方案

① 习近平：《决胜全面建成小康社会 夺取新时代中国特色社会主义伟大胜利—在中国共产党第十九次全国代表大会上的报告》，人民出版社2017年版。

和顶层设计，是中国梦的重要内容之一，对于实现中华民族伟大复兴的宏伟目标具有重要的价值。“美丽中国”的提出明确了中国特色社会主义生态文明建设基本框架，包含“自然美”“社会美”和“人美”三个方面。其中，“自然美”的基础要素是清洁、优美的自然环境，习近平总书记指出，“人与自然是生命共同体。”“自然美”是“美丽中国”实现的基本要求，它要求人类的生存发展方式要尊重自然，人类在改造自然的过程中不能超越自然的承载范围，人类在社会发展过程中要保护好自然之美，不能以损害自然美为代价去盲目发展。“社会美”的核心要义是人与人之间的和谐，要求文明和谐发展渗透在社会建设发展的方方面面，“社会美”是美丽中国实现的重要保障。正确处理好人们之间的关系，消除社会异化，社会也会趋于和谐。如果人类继续走超越自然、凌驾自然之上的异化消费之路，不仅没有了应对生态文明建设的决心，也失去了处理生态问题的信心，“社会美”的实现必然成为天方夜谭。“社会美”是人民对美好生活的向往和追求，是党和国家奋斗的目标和动力，也是美丽中国的最后归宿，“社会美”也是“人美”实现的保障。“人美”是美丽中国长久保障机制，是人类对自然的高度责任感，以及人作为独立个体自由而全面发展的价值旨归。“美丽中国”是全国人民追求中国梦的重要组成部分，对于全国人民具有重要的理论和现实意义。我国设定“美丽中国”的目标对于要建设什么样的生态文明，怎么建设中国特色社会主义生态文明给予了具有战略高度的构思。“美丽中国”的提出是我们党应对和处理生态问题坚定决心的体现，也呈现给世界生态文明以中国智慧和大国担当。新时代如何应对日益严峻的生态危机，如何促进“人—自然—社会”的和谐统一，如何发挥人保护生态环境的主动性和能动性，是这个时代的应有之义。新时代美丽中国建设是顺应时代发展而提出的理论创新，也是顺应时代发展而积淀的实践创新。

二、选题依据

1. 正确认识我国当前存在的异化消费现象及消费价值观的异化问题

自工业革命以来，特别是20世纪50年代以来，全球环境遭到了空前的破坏和污染，西方资本主义国家一方面创造了高度的工业文明，同时也带来了全球性的生态危机。中国的生态危机主要表现在生态系统全面退化、天然湿地大量减少、濒危物种增加、水土流失急剧等，中国当前的环境污染、生态平衡遭到破坏的情况相当严重。单纯追求经济增长的粗放型发展方式，给人类带来了严重的后果，同时不适当的、过度的消费所导致消费的异化，对生物圈形成巨大的冲击，人类无法承受自然对人类的报复，由此凸显了代内、代际矛盾关系。中国遭遇的生态环境问题，迫使人们重新思考自己的消费方式。

随着中国市场经济的不断发展、深化，人民的物质生活已经极大丰富，从加入世贸组织到共建“一带一路”，中国的经济增长速度受到世界瞩目。中国的经济发展速度之快、势头之猛，使人们的思想、观念也不断受到西方消费主义价值观的冲击，消费价值观相应发生变化。随之而来，奢靡消费、过度消费、盲目消费及炫耀性消费等非理性消费现象蔓延，消费异化现象日益凸显。人们在消费时往往超越了自身的需求而过分追求商品本身之外的寓意，表现在人们对物质层面，对符号、文化、政治领域的精神层面的追求，以此彰显自己的身份、地位与层次。消费主体通过奢侈消费、过度消费等消费的异化方式，其结果是一方面使贫富差距拉大，人与人之间、人与社会之间的矛盾日益凸显；另一方面造成了社会巨大的浪费，加重了对自然环境的破坏，人与自然之间的矛盾尖锐，加重生态环境的恶化与生态危机。因此，正确认识我国当前存在的异化消费现象及其消费价值观异化问题是社会亟待需要破解的问题。

2. 拓宽“美丽中国”建设的研究思路，加深对生态文明建设的认识

生态学马克思主义坚持历史唯物主义的历史分析法和阶级分析法来分析当代生态危机的实质，为我们认识和解决生态问题提供了一个新思路。生态学马克思主义代表人物阿格尔提出了“异化消费”“生态危机”“生态社会主义”以及“人自由而全面的发展”等理论观点，通过确立新的需要观、消费观、劳动观和幸福观解决生态问题的开创性思路，对彰显生态学马克思主义的时代意蕴，面对新时代中国特色社会主义建设过程中出现的现代性问题提供现实参考价值。不管社会主义还是资本主义国家都遭遇了生态环境问题，可见生态问题已经超越了国界。长期以来，人们听到异化消费，总是误

认为异化消费是资本主义国家才有的现象，事实上，改革开放以后中国在不同程度上面临着一定的异化消费问题，而且伴随着市场经济的深入及经济的发展，这种异化消费问题越来越严重，已经严重影响了人们的正确的价值判断，如果不加以合理引导，只会对生态环境造成更大的负担。美丽中国建设需要“自然美”“社会美”和“人美”的多重建设，消费主体的价值观和消费方式的导向直接影响着美丽中国建设的进程。只有实实在在地找准问题，实事求是地对待问题，对重大现实问题做出合理的理论阐释，提出有效地解决路径，才能从根本上解决问题。新时期、新问题、新挑战和新情况层出不穷，美丽中国建设必须与时俱进，公众只有树立正确的生态意识，建立正确、合理的消费方式，尊重自然生态的规律，合理开发、利用自然，不断面对挑战，才能更好地理解生态文明建设的生态意蕴，推进美丽中国建设的进程。资本主义制度在其发展过程中有一些经验和做法可对美丽中国的建设提供启示，中国在生态文明建设过程中，在始终坚持社会主义方向不变的情况下，必须全面辩证地认识资本主义，正确看待资本主义新的有价值的成果，可以使我国的发展建设少走弯路。

3. 阿格尔异化消费理论对生态学马克思主义的贡献

阿格尔作为法兰克福学派批判理论的继承者，深受法兰克福学派学术思想影响，基于对法兰克福学派第一代批判理论和第二代批判理论的继承与发展，进而纳入第三代批判理论范畴，成为“第三代批判理论家”。[①] 阿格尔作为生态学马克思主义的重要代表人物，他的生态学马克思主义定位是重建的批判理论，阿格尔认为马克思的异化劳动理论已经不足以用来解释现代资本主义社会的危机趋势了，现代社会的主要危机已经从经济领域走向消费领域，他一直期望通过自下而上的社会变革，对当代资本主义社会进行全面批判，在此基础上来改变异化的现实状况，构建非异化的社会，从而实现人、自然、社会的和谐相处。正是阿格尔的“生态学马克思主义”思想，使中国学者开始研究生态学马克思主义，在这个意义上，许多学者将阿格尔的思想视为生态学马克思主义的开端。

面对全球性生态危机，阿格尔迅速做出一定思想深度的批判性分析，形

① 申治安：《阿格尔对法兰克福法学派的继承与发展》，《内蒙古大学学报》（哲学社会科学版）2012年第11期。

成了系统的、有思想深度的生态学马克思主义的异化消费理论。[①] 阿格尔的异化消费理论立足于消费的角度，深刻剖析生态危机问题形成的理论。他认为西方资本主义社会异化现象普遍，特别是消费领域发生的异化现象不仅造成了全球性的生态危机，而且严重影响了人自由而全面的发展。阿格尔的生态学马克思主义主要包括异化消费理论、生态批判理论、人的解放论及生态社会主义，其中异化消费理论是其生态学马克思主义的核心论题。在阿格尔那里，异化消费的后果导致生态危机构成了阿格尔的生态批判理论，异化消费中的人的存在方式是异化的，阿格尔探讨人的本质的解放形成了人的解放理论，破解异化消费阿格尔提出了生态社会主义，所以阿格尔其思想的形成以异化消费理论为基础，而阿格尔的生态学马克思主义因为探讨了消费的批判、制度的批判、技术的批判和生态政治哲学，直接切入生态学马克思主义的核心议题。阿格尔作为第一个提出生态学马克思主义的学者，也是为异化消费明确下定义的第一个生态学马克思主义重要代表人物，他为生态学马克思主义的发展做出了突出的贡献。

三、研究意义

1. 理论意义

（1）帮助人们深刻领悟阿格尔异化消费理论生态批判的本质。

20 世纪 70 年代兴起的生态学马克思主义学者阿格尔，对当代消费的异化引起的环境问题进行反思和批判，他认为当代资本主义的危机已转向生态危机。资本家为了获得无限增长的利润必然使人们具有无限的消费欲望与消费能力，这势必造成“异化消费”。当代资本主义社会为了避免经济危机而力图歪曲人的实际需要，诱使人们将追求消费作为真正的满足，其结果无疑是对自然界造成压力并超出自然界的承受能力。阿格尔批判了资本主义制度和资本主义社会反生态的性质，他对异化消费的批判是基于资本主义社会矛盾过程中通过分析异化消费所造成的生态恶化问题而提出的，异化消费其影响的范围已远远超过资本主义社会，在全世界范围内都有着警示作用。阿格尔对异化消费的批判理论在分析生态恶化基础之上对人的不正确的消费观

① 包庆德:《评阿格尔生态学马克思主义异化消费理论》，《马克思主义研究》2012年第4期。

念、消费方式进行纠正和引导。阿格尔抨击了当代资本主义制度的缺陷，认为资本主义生产追求利润至上的本性决定了资本家盲目扩大生产，而生产出的产品又只能诱惑人们通过消费来买单，无形之中造成了异化消费，后果必然是产生生态危机。阿格尔对资本主义的异化生产造成的异化消费进行批判，对消费带来的反生态性质进行批判，由此揭露了资本主义反生态的本性以及资本主义制度的缺陷。我们必须重视到阿格尔对异化消费的警示，取其精华、弃其糟粕，更好地借鉴发达资本主义国家的先进成果，促进社会主义向健康、有序方向发展。

（2）帮助人们理解认清异化消费的资本主义本质。

随着异化消费所造成的生态危机和社会危机的日益凸显，阿格尔的异化消费理论越来越具有警示作用，值得我们深思。人类与动物有着本质的区别，动物的消费是自发的、本能的，是满足于基本生存的消费，而人类的消费是生产性消费，生产性消费是无极限的，欲望也是无极限的。阿格尔及时揭露资本主义的本性，指出资本主义通过宣扬消费主义价值观，借此控制人们消费需要的方向和内容，试图淡化人们的政治意识，维系资本主义存在的合法性。

在资本主义社会劳动者处于被剥削的地位，自然界也是资本家获得利润的载体，人与自然同时受到资本的逼迫而最终导致生态链的失衡。人类被逼迫的结果必然是不断对自然进行攫取与破坏，以致最终超越自然界的承载能力，造成人与自然的失衡，这是资本家无限追求利润的资本运作的逻辑体现。人与自然是一个相互依存、相互影响的双向互动过程，人类来自自然，同时又通过人们有目的、有意识的实践活动改造着自然，人类的这种活动必须尊重自然规律，与自然和谐统一。在马克思那里，“不依据伟大自然规律的一切行为终究会带来灾难。”[①] 资本主义社会的生产方式已经造成了人与自然对立的局面，生态失衡愈发严重，这一切后果的根源终究是资本主义生产方式本身。阿格尔认为当代资本主义的主要危机是生态危机，造成生态危机的局面和当代资本主义生产的扩张性与盲目性密不可分，这是资本主义利益至上本质的体现。阿格尔看到了发展中出现的一些新问题和新情况，他对资

① 《马克思恩格斯全集》（第31卷），人民出版社1972年版。

本主义制度进行深刻的抨击，这是他的进步之处。然而用生态危机取代经济危机，是自觉不自觉地强化了人与自然关系的矛盾，掩盖了资本主义社会的基本矛盾，具有乌托邦性质。资本主义社会虽然生态危机日益凸显，但它背后有着深刻的经济原因，要看到起决定性作用的经济危机。应当认识到当代资本主义是经济和生态的双重危机，经济危机仍然起着决定性作用，不能离开经济危机单独考虑生态危机。资本主义的基本矛盾造成了生态危机的后果并导致消费的异化，最终导致人的异化。阿格尔并没有正确认识到生态危机的根本原因是资本主义基本矛盾造成的，资本家追求利润的本性决定资本主义生产不会考虑生产相对过剩造成的资源浪费和生态恶化的后果，资本主义始终解决不了生产的无限扩大与自然生态系统的有限性之间的矛盾，以致人与自然的矛盾日趋严重。我们应该看到异化消费和生态危机是资本主义无法克制的顽疾，始终无法治愈。在新的社会历史条件下，形形色色的异化消费问题出现，我们在美丽中国建设过程中如何摒弃异化消费现象，汲取阿格尔异化消费理论的积极价值，接受其理论局限性的经验教训，解决新形势下的新问题是我们应该思索的现实课题，也是有效遏制异化消费扩散的一项十分紧迫的任务。只有不断拓展研究视野，与时俱进，才能抓住机遇，应对挑战。

（3）正确认识阿格尔异化消费理论的当代价值。

阿格尔将生态视阈引入历史唯物主义，首次提出“生态学马克思主义”并对异化消费明确下定义，他的理论得到了中外学界的广泛关注。阿格尔异化消费理论的突出贡献在于：首先，阿格尔的异化消费理论继承了马克思的异化劳动理论，暴露出资本主义制度的缺陷，将马克思主义的异化劳动理论与对生态危机趋势的批判结合起来，推动了马克思主义异化劳动理论的发展。他使人们认识到当代西方社会乃至全球性生态问题日益严重，提出了生态危机是全球最严重、最现实的危机；其次，阿格尔对资本主义的异化消费方式进行了有一定深度的批判性分析，指出了异化消费的后果导致生态危机，对于确立正确的价值观和合理的消费方式具有启示，人的消费观念和行为是否健康、和谐、适度、合理，已经成为一个国家生态文明建设的重要路径之一；再次，阿格尔提出他的人性解放论，从消费维度敏锐地意识到异化消费导致人的异化。面对生态危机的现实，人们需要重新形成自己的价值观和愿望，改变消费等同于幸福的观念，从而改变人的异化状态。最后，阿格尔对资本主义制度进行批判，他看到了资本主义制度所暴露的问题，提出克服异化消费的办法是构建一种积极稳态的经济社会发展模式，主张绿色适度的消费方式。

阿格尔异化消费的理论，以阿格尔对异化消费的批判为主线，以阿格尔敏锐的理论洞察力对发达资本主义社会的异化消费现象进行分析和揭露，并指出这种不文明的消费方式所带来的多重危害。深刻领会阿格尔异化消费实质，对于我们正确认识当前中国的消费现状、当前中国的消费思潮，对于把握异化消费的规律具有一定的借鉴意义。异化消费理论从生态的视野审视消费领域出现的问题，对生态危机进行预警，佐证并深化了对美丽中国建设目标的认识。同时，阿格尔异化消费理论的实质抨击的是人的错误的价值观，对异化中的人进行一种全面的批判，所以对美丽中国建设过程中培育生态人格具有启发意义。异化消费让人们耳目一新，阐发了许多耐人寻味又发人深思的新问题。在当今社会消费极度膨胀时期，尽管阿格尔的异化消费理论具有一定的理论局限性，但是阿格尔的理论为分析生态问题的根源提供了对策思路，对于我们培育生态文化，形成绿色的生产方式和生活方式具有启发意义，对于我们重新思考马克思的辩证法和当代生态实践之间的关联，对于新时代保护生态环境，促进人与自然的和谐，顺利推进我国生态文明建设，实现美丽中国建设提供了现实参考。

2. 现实意义

(1)借鉴阿格尔异化消费理论的警示意义，审视中国的异化消费问题。

阿格尔对“异化消费”的批判，对于新时代的中国如何处理社会生产发展与消费方式之间的关系提供了借鉴。阿格尔异化消费理论指出，异化消费是当代资本主义生态危机的根源。因为异化消费，整个社会的消费越来越奢侈无度，不仅加剧了人的异化，同时超过了地球的承载极限，污染了环境，造成了生态危机。事实上，异化消费不仅仅是资本主义独有的产物，在我国社会主义初级阶段，伴随着商品经济的发展，它也在一天天扩张。随着全球化的发展，整个社会已步入繁荣阶段，社会上的财富不仅仅满足人的生存需要，奢华生活的满足及过度消费的趋势不可避免。正如塞缪尔·斯迈尔斯所说：“目前的社会与其说正在遭受缺乏钱的痛苦，不如说是在遭受着大肆挥霍浪费钱的痛苦"；"这种只顾及时行乐而不顾后果的生活模式在每个阶段中都存在相当大的市场。中上层阶级同下层阶级一样，都对此感到内疚，因为他们的生活超出了他们的财力。他们过着挥霍浪费的生活，极尽炫耀、享乐、轻浮之能事"①。消费性价值观和现代性价值体系存在着内在的联系，在消费主义价值观的支配下，无法满足的消费欲望和内在的匮乏感被现代性价值体系看作是人类行为的本质特征，也因此"这种根植于人类社会本质之中的永不满足的欲望，意味着在征服自然的过程中既没有一定的目标，也没有内在的终点。"② 现代性的价值体系导致人类漠视自然所能承受的限度，人类将兴奋点集中在通过不断利用控制自然的技术手段来实现满足人们的物质需求，并且这种需求变成欲望，越发无止境。新时代及时借鉴阿格尔异化消费理论的积极价值，探究我国当前异化消费的现象及其原因，对于树立正确的价值理念，纠正错误的价值理念具有指导意义。

（2）汲取阿格尔异化消费理论的思想精华，提出对美丽中国建设的现实价值。

生态学马克思主义认为，资本主义在不断追求利润最大化的商品生产过程中，这种浪费性、过度生产对地球生态系统造成了严重的后果。面对着日益严重的生态危机，阿格尔作为生态学马克思主义的著名代表人物，他一方面认识到资本主义商品生产的扩张主义动力导致资源不断减少和大气污染加剧的环境问题；另一方面认为人们通过从情感上依附商品的异化消费来摆脱独裁主义的控制和异化劳动的负担。在生态问题引起全球普遍关注的时代，阿格尔对异化消费的批判具有世界意义。阿格尔从消费领域这个独辟蹊径的角度对消费的异化现象加以研究形成自己独特的异化消费理论，从而剖析出当前社会的生态环境问题，这既为发展马克思主义找到一个现实的切入点，同时又对我们全面把握资本主义的发展趋势、深度批判资本主义对人类生态环境的破坏找到一个新的研究视域。我国现处于社会主义建设的初级阶段，西方国家在经济发展的过程中出现了很多问题，及时借鉴发达国家在发展过程中的经验和教训，掌握好经济发展与生态平衡的辩证统一关系是当前的一项艰巨任务，从消费的视域探讨阿格尔异化消费主义对于我们正确理解生态

① [英]塞缪尔·斯迈尔斯：《金钱与人生》，李柏光等译，北京图书馆出版社1999年版，第12—17页。

② Wlilliam Leiss, The Limits to Satisfaction, Montreal: Mcgill-Queens University Press, 1988, p.35.

学马克思主义思潮，对于正确认识中国自改革开放以来出现的异化消费问题进行警示，对于美丽中国建设过程中避免走资本主义先污染后治理的老路提供借鉴价值，对于美丽中国生态人格的培育进行了现实启示。阿格尔异化消费理论为中国经济社会可持续发展提供探索性实践参考，生态文明建设必须摒弃异化消费之路，构建生态消费模式，这是通往生态文明乃至人类文明发展的必经之路，符合中国的国情和实际状况，是马克思主义生态思想内涵的体现，是社会主义生态文明建设发展的需要，也是美丽中国实现的保障。

（3）深入理解人类命运共同体意识，坚定中国特色社会主义生态文明建设道路。

生态问题日益严重，已经严重影响了人们的生活质量，困扰了人类的生存与发展。反对异化消费从根本上否定了对物质疯狂追求的消费现象，从长远角度上看，异化消费扭曲人的本性，影响人自由而全面的发展。摒弃异化消费方式，培育生态人格，确立生态消费模式已然是经济政治发展的需要，这样有助于公众素质的全面提高，促进个体的最大化发展，提升人的价值。因此，习近平总书记一再强调推动人类命运共同体建设，让命运共同体意识在世界人民心中扎根。人类命运共同体要求生活在同一个地球的各个国家，在追求本国利益的同时兼顾他国合理的利益发展，遵循一个地球上人类命运的共生性。

“建设生态文明”被关注以来，我国在实践上开始探索生态文明的构建与发展，同时在理论上加强了生态文明相关内容的研究。党的十八大报告倡导生态节约意识、生态环境保护以及节约资源等生产、生活方式，强化了生态保护、生态文明的重要性，并将生态文明建设与民族的未来结合起来，凸显了生态文明建设在“五位一体”建设中的重要性，打造美丽中国。[①]党的十九大一针见血地指出“绿水青山就是金山银山”，强调了“推动构建人类命运共同体”，提出了绿色的发展方式和生活理念，提出，“建设生态文明是中华民族永续发展的千年大计……强调了节约优先、保护优先和自然恢复为主的方针，形成节约资源和保护环境的空间格局、产业结构、生产方式和生活

① 胡锦涛：《坚定不移沿着中国特色社会主义道路前进 为全面建成小康社会而奋斗》，《人民日报》2012年11月8日。

方式，还自然以宁静、和谐、美丽。”[①] 习近平总书记在党的十九大报告中强调的“人与自然的和谐共生”和“坚持推动构建人类命运共同体”的中国特色社会主义发展的新理念和基本方略，明确了生态文明建设的重要性，同时也指出了生态文明建设不是一国的任务，全球生态文明建设是构建人类命运共同体的出发点和基本保障，生态文明建设与构建人类命运共同体之间存在着紧密的联系。

第二节　国内外相关工作研究进展

一、国内研究现状及评价

1. 国内学术界对阿格尔异化消费理论的研究现状

（1）阿格尔异化消费理论的地位和影响。

阿格尔是第一个提出生态学马克思主义并为异化消费下定义的西方学者。王瑾把生态学马克思主义形成的标志定位为阿格尔的《西方马克思主义概论》。[②] 复旦大学俞吾金教授和陈学明教授共同出版的《国外马克思主义哲学流派新编》，在下册的第八章“生态学马 克思主义”中系统评述了阿格尔《西方马克思主义导论》中的生态学马克思主义思想，详细论述了阿格尔的个人和学术思想，这本书是国内研究阿格尔比较早，比较系统研究阿格尔生活环境和学术思想的一本著作。此外，国内的很多著作都是从不同的方面阐述了阿格尔的生态学思想，比较权威的有王雨辰的《生态学马克思主义与生态文明研究》，曾文婷的《“生态学马克思主义”研究》，郑湘萍的《生态学马克思主义的生态批判理论研究》等。笔者以“阿格尔”为关键词查阅自 1979 年以来的中文期刊，搜索涉及研究阿格尔方面论文 86 篇。研究内容主要涉及阿格尔生态学马克思主义理论评析、生态学马克

① 习近平：《决胜全面建成小康社会 夺取新时代中国特色社会主义伟大胜利—在中国共产党第十九次全国代表大会上的报告》，《人民日报》2017年10月28日第1版。

② 王瑾：《生态学马克思主义”和“生态社会主义”—评介绿色运动引发的两种思潮》，《教学与研究》1986年第6期。

思主义述评、西方马克思主义生态危机理论评析、阿格尔异化消费理论、阿格尔生态社会主义思想、阿格尔对当代资本主义的多维度批判等。其中涉及阿格尔生态危机理论的研究比较系统，主要有祁松林的《马克思的危机理论与当代社会的生态危机》（《科学社会主义》2019 年 6 月）、魏艳杰的《论本 · 阿格尔生态学马克思主义思想内在逻辑》（《南京师大学报》2016 年 1 月）、王雨辰的《评本 · 阿格尔的生态学马克思主义理论》[《武汉大学学报》（人文科学版 2006 年 2 月》]、包庆德的《评阿格尔生态学马克思主义若干基本问题》（《中国社会科学院研究生院学报》2014 年 5 月）、曾文婷的《生态学马克思主义的发展轨迹探析》（《南京社会科学》2012 年 7 月）、申治安《阿格尔对当代资本主义的多维度批判》（《毛泽东邓小平理论研究》2012 年 2 月）、陈飞的《生态危机的资本逻辑》（《中国社会科学报》2017 年 2 月）等。在进行生态学马克思主义的研究过程中，这些学者普遍认可阿格尔是生态学马克思主义重要代表人物，是第一个提出生态学马克思主义并为异化消费下定义的西方学者。

（2）阿格尔提出异化消费理论的内容和基本观点。

涉及阿格尔异化消费理论的相关文章，比较有代表性的文章主要是：王雨辰的《虚假需要、异化消费与生态危机—论生态学马克思主义的需要理论及其当代价值》[《贵州大学学报》（社会科学版）2019 年 6 月]、李宁和戴艳军的《从异化到回归—阿格尔异化消费的思想政治教育启示价值》（《学术论坛》2016 年 3 月）及《阿格尔异化消费理论的生态价值》（《山东社会科学》2019 年 8 月）、包庆德的《评阿格尔的生态学马克思主义异化消费理论》（《马克思主义研究》2012 年 4 月）及《异化消费理论的发展进程及其借鉴价值》[《南京林业大学学报》（人文社会科学版）2016 年 3 月]、常宴会的《消费模式的绿色转向—本 · 阿格尔生态学马克思主义理论的启示》[《河海大学学报》（哲学社会科学版）2013 年 3 月]、蔡陈聪的《西方马克思主义消费异化理论的启示》[《东南大学学报》（哲学社会科学版）2009 年 6 月]。

通过相关文献可以看出阿格尔的生态学马克思主义思想集中在：生态危机理论、异化消费理论、生态社会主义理论及人的解放论。文献显示，在阿格尔的相关理论方面，对异化消费理论提及的最多，其他学术思想补充。另外，他的异化消费理论主要阐述异化消费的后果造成生态危机，导致人与自然关系恶化这一事实；法兰克福学派思想的继承与发展；主流社会状态是人的异化状态。这三方面让阿格尔认识到异化消费对人与自然的危害，从而确定了他的异化理论和人的解放论。关于阿格尔异化消费的理论价值，概括地说，首先，阿格尔看到资本主义制度最终不能解决生态危机，对资本主义制度给予比较强烈地生态批判，主张用生态社会主义代替资本主义制度。其次，阿格尔的异化消费理论及人的解放论，对于沉迷于消费主义，只能在消费中找到幸福的人敲起了警钟，对资本主义社会扭曲人性进行了批判，为人们指明了正确的方向，使人们形成正确的消费观和价值观。最后，异化消费理论对我国生态文明建设具有一定的理论启示。阿格尔认为，异化消费在长远和整体的维度上影响了人的全面发展与自由发展，克服异化消费的出口是建立一种积极稳态的经济发展模式，摒弃异化消费，推行适度消费。今天的生态危机需要对消费行为进行约束和规范，阿格尔的异化消费理论对于建设生态文明社会具有一定的启示和价值。

（3）阿格尔的马克思主义立场。

对阿格尔的生态学马克思主义思想，国内的大多学者还是给予肯定的，认为阿格尔生态学马克思主义是对马克思主义理论做出了重要贡献。陈学明指出，生态学马克思主义不是毫无根据地给出各种判断，而是扎根于马克思主义特别是马克思主义关于资本的理论。① 吴宁教授表示尽管阿格尔认为马克思主义的经济危机理论已经过时，试图用生态危机理论取而代之，存在一定的片面性，但是阿格尔以生态危机为核心阐述了危机产生的根源，解决危机进行变革的模式是有现实意义的。从整体上看，阿格尔的生态学马克思主义思想与马克思主义的生态思想依然有着紧密的内在联系，尤其是在人与自然关系、生态危机的制度根源以及生态危机与资本主义命运等问题上与马克思主义的观点是一致的，阿格尔不仅是赞赏马克思主义而且完全肯定马克思主义的当代价值。② 王瑾把阿格尔的代表作《西方马克思主义概论》视为生态学马克思主义形成的标志，在这部专著里阿格尔将西方马克思主义教程面向北美大学生和研究生讲授，把生态危机与异化消费有机结合，认为马克思

① 陈学明：《谁是罪魁祸首：追寻生态危机的根源》，人民出版社2012年版。

② 吴宁：《生态学马克思主义思想简论》（上册），中国环境出版社2015年版。

主义理论对于解决日益严重的北美大陆的生态危机具有重大理论意义和现实操作性。阿格尔以马克思主义辩证法为指导，架构起马克思主义与当代生态实践的关联。① 万希平认为一般而言，判定一个流派或者理论是否具有马克思主义立场，应该至少具备的标准为五个方面：第一，从理论来源上，生态马克思主义与经典马克思主义之间具有内在的关联性，生态马克思主义汲取西方马克思主义法兰克福学派批判理论，吸收了经典马克思主义关于人与自然关系即劳动异化理论等；第二，在批判对象上，一般将资本主义作为理论批判的对象，阿格尔从生态危机的视角对资本主义社会反生态性质进行全面的批判；第三，在认识论和方法论上，运用历史唯物主义和矛盾分析的方法分析当下社会现实；第四，在社会主义制度的构建上，一般将共产主义作为最终的理想社会制度；第五，在理论的价值取向上，一般而言，将人类自由全面地发展作为价值目标的终极追求。万希平认定阿格尔等生态学马克思主义者是符合这五大标准的，因此，是符合马克思主义的，也是对马克思主义的理论创新。② 王雨辰明确指出生态马克思主义具备马克思主义立场，他认为生态马克思主义是西方马克思主义的新形态，而不是和历史唯物主义相悖的后现代马克思主义流派。③ 包庆德教授认为，生态学马克思主义是当代国外马克思主义阵营中最有影响力、最有深度的生态哲学思潮，它将马克思主义的基本原理与人类生存发展的现实生态危机关联，旨在探寻一种理论指导并有效解决生态环境危机与人类生存发展问题的“双赢”理念。④ 阿格尔生态学马克思主义异化消费理论为中国解决现代生态危机提供了理论参照。⑤

（4）阿格尔生态学马克思主义及其异化消费理论的局限性。

阿格尔生态学马克思主义是针对当代西方资本主义生态危机的现实而提出的，将坚持马克思主义与发展马克思主义有机结合，在新的历史条件下继续践行马克思主义“解放人”的使命。当然，阿格尔没有真正认识到资本主义的基本矛盾是导致生态危机的主要原因，由于其理论本身的不彻底性，在

① 王瑾：《“生态学马克思主义”和“生态社会主义”—评介绿色运动引发的两种思潮》，《教学与研究》1986年第6期。

② 万希平：《生态马克思主义理论研究》，天津人民出版社2014年版。

③ 王雨辰：《生态学马克思主义与生态文明研究》，人民出版社2015年版。

④ 包庆德：《评阿格尔生态学马克思主义若干基本问题》，《中国社会科学院研究生院学报》2014年第5期。

⑤ 包庆德：《评阿格尔生态学马克思主义异化消费理论》，《马克思主义研究》2012年第4期。

生态危机的解决上和人自身解放的过程中难免会陷入唯心主义倾向，因此，他提出的“期待破灭的辩证法”并不可能真正奏效，同样，生态社会主义所谓的“零增长”的稳态经济模式也只能是一个无法实现的美好愿望。[①] 首先，阿格尔追求所谓的小规模技术运用和“无增长”的稳态经济模式，这种限制经济增长的过度推行生产性正义而摒弃分配性正义的生产模式无疑违背经济发展的客观规律，其结果必然是无法维护发展中国家的权益，无法根本解决生态危机，还在一定程度上掩盖了资本主义过度扩张这一事实。[②] 其次，对资本主义社会的基本矛盾认识不到位，试图用生态危机替代经济危机。阿格尔意识到了造成生态危机的根本原因是资本主义制度，但阿格尔没有顺着这一矛盾入手，对生态危机的根本原因进行强有力的批判，因此，即便是他试图去构建生态社会主义制度都会有理想化成分包含其中，不切实际。最后，阿格尔对个别理论存在着分析的误差，阿格尔在理论分析上只注重片面思想的理解，完全割裂了生产与消费的一体关系，脱离资本主义生产范畴势必形成生产与消费的双重过程，这样不会形成一个真正的主体思想，难免会使自己所理解的生态马克思主义理论具有了空想的性质。[③]

申治安在他的博士论文中写道：“马克思的辩证方法为阿格尔分析西方马克思主义的历史和未来规定了框架，这也暗示了他的马克思主义观会随着历史的发展而不断发展，这为其重建马克思主义埋下伏笔。”不过，他认为阿格尔将马克思视为一个只追求人道主义、非集权主义和民主的革命者，而非一个探求社会运动规律的科学主义者，这就决定了他对马克思辩证方法的解读是有限的。[④] 其理论局限主要为对马克思的辩证法理解的不够完整、对马克思危机理论时效性加以误判、对商品生产长期性估计过低以及对无产阶级专政的历史地位理解不够深刻等。王雨辰将生态学马克思主义的理论缺陷归因为没有进行资本主义生产资料所有制的变革，单纯认为消除生产和消费的异化就可以实现人的解放，这样的结果是脱离了革命的主体，显示了其理论的理想主义成分。同时“期望破灭的辩证法”以“分散化”和“非官僚化”

① 赵卯生：《生态危机下人的解放—阿格尔生态学马克思主义理论评析》，《国外马克思主义》2011年第1期。

② 张乐民：《奥康纳与阿格尔的生态危机理论比较探析》，《马克思主义研究》 2012年第10期。

③ 曾文婷：《生态学马克思主义研究》，重庆出版社2008年版。

④ 申治安：《当代资本主义批判与绿色解放之路》，上海交通大学博士学位论文，2012年，第15—30页。

为主要手段的生态社会主义革命，使人们跨越了资本主义经济制度的思考，显然是理想主义，局限性也是显而易见的。①

2. 国内学术界对阿格尔异化消费理论研究的评价

从总体上，近年来，国内学术界在对西方马克思主义的生态危机理论研究取得了一定的成绩，尤其是对生态学马克思主义异化消费理论的当代价值的挖掘，无论在基本观点上还是方法上给当代研究者以很大的启示。但是，也存在着一定的问题：

（1）哲学范围居多，其他范围较少。

研究资料显示，我国学者对阿格尔的研究比较广泛，哲学范围居多，其他范围较少，会涉及文学及社会学方面。在阿格尔的相关理论方面，能够看出阿格尔的异化消费是其主要学术思想，但这部分的专题研究较少，大都是在研究生态学马克思主义思想中提及的。阿格尔的生态学马克思主义日趋被学术界广泛认可，通过阿格尔的学术努力使得他的理论在世界上有一定的影响力。有学者指出，生态学马克思主义的发展与阿格尔的作用密不可分，因为他的《西方马克思主义导论》等学术著作让生态学马克思主义备受瞩目。生态学马克思主义在 20 世纪八九十年代的社会变革过程中起到了指导作用并成为指导流派，生态学马克思主义理论与社会现实紧密结合，从西方绿色运动分化出来与社会主义革命融为一体。② 从各种专著和学术论文来看，阿格尔的《西方马克思主义概论》被引用和研究的次数最多，其他专著较少，缺乏后续的相关研究和后续追踪，这容易导致陷入一种比较狭隘的研究。

（2）生态视角多，其他视角少。

从 1988 年于静的文章《“生态学马克思主义”简述》一文中，正式介绍了阿格尔的异化消费理论，随后出现的文章都在关注阿格尔的异化理论，力图说明阿格尔异化消费理论的科学性和合理性；到 2007 年蒋建国的《马克思主义消费文化理论及其当代意蕴》一文，将消费文化理论的研究与建构中国特色社会主义和谐消费文化相结合，具有理论价值和现实意义；再到王雨辰的专著《生态批判与绿色乌托邦—生态学马克思主义理论研究》，系统阐

① 王雨辰：《生态辩证法与解放的乌托邦》，《武汉大学学报》（人文科学版）2006年第3期。

② 王瑾：《“生态学马克思主义”和“生态社会主义”评介绿色运动引发的两种思潮》，《教学与研究》1986年第6期。

发了马克思主义、生态学马克思主义、西方生态中心主义之间的关系，后续的研究试图从异化消费理论的研究视野与我国的生态文明建设相结合，这对于深化对当代资本主义社会的认识和处理中国现代化进程中的现代性问题，或是对于推进社会主义生态文明建设等，都具有理论意义和实践价值。

对阿格尔生态学马克思主义异化消费研究，都是从生态文明建设的视角作以研究，试图缓解生态危机，其他视角较少。首先，对生态马克思主义的异化消费理论的研究还没有以西方马克思主义作为研究整体来概述生态学马克思主义理论的精神实质，即没有从生态学马克思主义理论的历史进程上看异化消费理论科学性与价值性相统一的整体性。其次，没有将阿格尔的异化消费理论同中国现有的具体实际有机结合起来，一方面，没有系统探讨阿格尔异化消费理论对于美丽中国建设中追求科学发展的社会主义现代化强国建设之路的现实借鉴意义；另一方面，目前没有探索出阿格尔异化消费理论在深化市场经济改革过程中对于公众形成正确的消费理念，对于生态人格形成具有何种启示意义。

（3）异化消费理论对于推进美丽中国建设的文章很少。

笔者以“阿格尔”并含“美丽中国”为主题在中国期刊网进行全文搜索，仅有1篇。《本·阿格尔生态危机理论及其对建设美丽中国的启示》，该篇文章从生产领域、消费领域和价值领域等不同领域探讨了生态危机的产生、根源及解决途径，强调了战胜异化消费成为我国建设美丽中国的一种途径，时刻提醒消费者形成理性消费观念和行为，这样可以更好地推进美丽中国建设。① 从中国期刊网的相关论文研究趋势看，近几年人们开始关注相关方面的研究，学术界关于阿格尔异化消费理论对美丽中国的建设究竟有哪些借鉴，对中国特色社会主义现代化建设过程中有哪些现实启示涉及得都比较少，缺乏深入分析和研究，虽然看到了异化的消费方式造成生态危机，影响人的全面发展，但仅仅是泛泛而谈。在深入进行阿格尔异化消费理论的研究过程中，能够看到阿格尔思想严谨、逻辑性强，阿格尔对生态危机的警示，对人的危机的预测，对于实现美丽中国的建设目标和内涵都具有现实启示。目前，对阿格尔生态学马克思主义异化消费理论对美丽中国建设的启示形成

① 李金勇、党晨晨：《本·阿格尔生态危机理论及其对建设美丽中国的启示》，《技术与创新管理》2020年第1期。

专项研究，正在逐步探索钻研，究竟该理论的积极价值对美丽中国建设有哪些借鉴，对新时代中国特色社会主义的生态文明建设有哪些现实启示，如何进一步借鉴他的思想，都尚待探索。

二、国外研究现状及评价

1. 国外对阿格尔学术思想的研究

自 19 世纪 70 年代末生态学马克思主义受到广泛关注以来，阿格尔作为生态学马克思主义的重要代表人物，他的学术思想自然备受关注，研究成果丰富，相比较而言，国外对阿格尔及其学术思想的研究没有国内那样系统、具体。

（1）关于阿格尔生态学马克思主义的根本立场和方法。

国外学者专门对阿格尔的学术思想进行研究的学者就是詹姆斯 · 奥康纳，其他学者的研究没有这么直接，一般体现在对阿格尔相关著作的评价中。奥康纳在《自然的理由：生态学马克思主义研究》和《资本主义、自然和社会主义：理论导论》的著作中评价了阿格尔的理论。作为后来者，他批判性地发展了阿格尔的异化理论和生态危机思想。他认为资本主义日益严重的消费破坏了生存环境，资本主义面临的主要问题不是经济危机而是生态危机。与阿格尔有所区别，奥康纳关注的焦点集中在“生产”上，核心是“生产条件”。奥康纳认为，“如果忽视生产条件的再生产，损害或者破坏了资本主义的生产能力并导致进一步损坏资本的生产力，那么深究其原因终究是国家机构及其政策的问题，而不应该归咎于资本本身。”[①] 奥康纳认为转变生产导向很重要，但他仍然没有认识到资本主义的基本矛盾是生态危机的根本原因。事实上，因为生产资料私人占有制，决定了资本必然无限扩张，由此生态危机是必然的结果。克利福德 · 斯台普斯给予阿格尔《支配的话语：从法兰克福学派到后现代主义》这篇文章大大赞誉，他称阿格尔是一个始终坚持个人信仰和职业操守的人，他毕生致力于为马克思主义的解放计划而不断奋斗。[②] 在对阿格尔的著作进一步解读时，克利福德 · 斯台普斯认为阿格尔

① ［美］奥康纳：《自然的理由：生态学马克思主义研究》，唐正东、臧佩洪译，南京大学出版社2003年版。

② Bernd Baldus, “Review”, The Canadian Journal of Sociology, 3（1996）: 426—428.

学术研究的方向和自己是一致的，他声称自己和阿格尔这样的知识分子在写作中关于革命斗争等大叙事方面达成理论共识。在对阿格尔的马克思主义立场进行研究中，查尔斯 · 里马特肯定了阿格尔的立场，认为其对后现代主义和女权主义的各种理论的批判中，阿格尔坚定自己观点和立场让人钦佩。马克 · 沃德尔是这样评论阿格尔《社会（本体）学：一种学科解读》一书的阿格尔作为美国当代著名的学者，批判结构是他理论的重要方式，他对社会批判理论的发展做出了不可磨灭的贡献，阿格尔相比其他批判理论学者，他更看重的是在实际生产中产生的实践性效果。①安德鲁 · 沃尼克在评价阿格尔对马克思主义的批判领域的贡献时，认为阿格尔以批判理论为导向的主旨思想是他的理论优势，阿格尔为此开展的相关研究是正确的，是应该受到大众支持的，接下来需要为他的解放计划进行哲学厘清。②丹尼斯 · 福塞斯深入研究了阿格尔的生态学马克思主义，他明确赞同阿格尔 1982 年出版的著作《冲突与秩序中的社会问题》中表达的观点，并宏观分析了阿格尔指出的社会问题，提出生态问题就是社会问题的观点，认同阿格尔“寻找问题和解决问题”的社会科学就是关于社会学的叙述，并认为这种社会科学深深地关乎着社会变革。③约翰 · 墨菲认可阿格尔著作《快速资本主义：关于意义的批判理论》一书的观点，认可阿格尔的社会支配的现代方法和传统的差异性，认为阿格尔最成功的理论就是其女权主义。就阿格尔的这个观点，很多学者也曾经提出了自己的观点。④阿格尔认为在资本主义的衰落社会中，不可能采用非学术性方法去写作。针对这一观点，刘易斯 · 科塞十分认可，他认为挑战性思想的实现面临了诸多的障碍，后现代主义文化缺乏对广泛性衰落的文化的批判意识，在美国社会学界，只有阿格尔以及少数思想者敢于揭露和抵制市场和学术中的腐败与缺陷，高举批判大旗，坚持维护正义。

（2）关于异化消费理论的来源和谱系。

马克思的异化劳动理论、卢卡奇的物化理论、马尔库塞的虚假需求理

① James O’ Connor, Capitalism, nature, socialism a theoretical introduction, CapitaLism Nature Socialism, 1 (1998) : 6.

② Andrew Wernick, “Critical Theory and Practice: A Response to Ben Agger”, Canadian Journal of Political and Social Theory, 3 (1979) : 107—117.

③ Dennis Forcese, “Review”, The Canadian Journal of Sociology, 3 (1984) : 365—366.

④ John W, Murphy, “Review”, Social Forces, 4 (1990) : 1341—1342.

论、弗洛姆的人的异化理论，都是阿格尔关于异化消费理论的相关来源。近些年异化现象一直被国内外关注和探讨，西方马克思主义也将异化当成重点研究内容。马克思关于异化的研究内容体现在《1844年经济学哲学手稿》中并贯穿马克思一生的研究。马克思认为资本主义社会中作为人的本质对象化的劳动必然表现为劳动产品、劳动过程和人与人的关系以及类本质的异化四个方面的异化，在此基础上马克思阐述了扬弃自我异化的途径。[①] 马克思通过异化劳动理论，指出资本主义必然走向灭亡的前途命运，深刻批判了社会的本质。众所周知，马克思的异化劳动理论不仅是对资本主义社会的现实批判，也颠覆了西方哲学中盛行的形而上学的思维方式。马克思离世以后，资本主义社会并没有迅速衰落灭亡，而是愈发以更快态势在发展，但随之而来的社会问题也在日益凸显。异化现象普遍，特别是消费领域的异化现象盛行，这些问题引起西方马克思主义学者的深度思考。

随着马克思系统阐述异化理论，各国学者都开始对异化进行较为系统地研究。就目前掌握的50余篇论文，20余部著作等研究资料来看，成果还是比较丰富的。其中，阿格尔的《西方马克思主义概论》一书，对西方马克思主义的基本思想，特别是对异化和异化消费给予详细介绍，还有一些学者如安德森、杰伊、芬伯格等分别在自己的著作《西方马克思主义探讨》《法克福学派史》《技术批判理论》中将研究视角转向西方马克思主义的异化问题。鲍曼、瑞泽尔等学者专门在自己的著作《全球化》《后现代理论》中对西方马克思主义的消费异化问题进行分析，他们这两本著作中围绕消费社会的状况及主要特征进行重点阐述；塞耶斯的《马克思主义与人性》一书就异化和经济发展、工作与闲暇之间的关系等问题进行探讨。他在自己文章《存在主义与马克思主义中的异化概念》中比较了存在主义者和马克思异化观的不同。他认为马克思主义的异化主要指人作为独立的个体，其活动具有独立性与外界形成敌对性与对抗性；存在主义的异化主要是一种与自己生活的环境相敌对的主观感受。这些对异化的探讨为异化理论的发展和理解提供了启示。

较早研究异化问题的西方马克思主义学者是卢卡奇，卢卡奇认为，“不管是资产阶级或无产阶级，还是政治上或者社会上的右派都认为人的异化充

① 马克思：《1844年经济学哲学手稿》，人民出版社2000年版。

斥了当今时代。”[①] 卢卡奇对资本主义社会人们的物化意识进行批判，深刻揭示了商品社会的物化意识作为人们所信奉的信念，成为人们心灵深处牢不可摧的信仰，拜物教是物化现象的凸显。继马克思的异化理论与卢卡奇的物化理论之后，他们的理论精华被法兰克福学派理论家们所继承，形成一种全新的异化观。阿格尔继承了法兰克福学派赫伯特 · 马尔库塞的主要观点，马尔库塞是法兰克福学派的重要代表人物，最早分析消费主义、广告和大众文化，以及人如何受意识形态制约。他继承了马克思的批判精神，将人的“需要”这一层面切入“异化”的研究视角中，从生产领域延伸到消费领域开始对资本主义进行批判，从而开始出现异化消费这一名词。弗洛姆的批判视角主要是针对消费领域的异化现象，他认为，“人拥有了钱，就可以买到自己想要的一切，比如没有艺术鉴赏力但可以买到珍贵的画；比如没有欣赏音乐的情趣却可以买到最好的留声机；比如……，而且这些拥有的过程不用付出任何努力并随时可以摧毁一切，除了钱损失之外没有任何损失。”[②] 法兰克福学派之后，萨特和列斐伏尔等存在主义者也对异化理论领域重点关注，形成了对异化消费理论的独特见解。萨特认为，“匮乏发生在一些人和事的变化中，人的需要是从周围世界不断对人的诱惑与刺激中产生，但人往往表现出了一种匮乏，并且这种匮乏影响人的各个方面，人在克服匮乏的过程中就产生了异化。”[③] 在萨特看来，在列斐伏尔那里，异化发生在日常生活及消费中。现代资本主义对社会的统治是通过消费而不是生产，控制的是日常生活领域而不是经济、政治领域，资本主义社会通过流行性商品和符号图像实现对人的深层精神欲望的控制。

2. 国外研究成果评价

（1）关于阿格尔异化消费理论的马克思主义性质及其贡献和价值。

作为美国左翼理论家的阿格尔，他的批判主义体现在对美国主流社会学的批判，这样的学术批判导致阿格尔不可能处于美国学术界的中心之位，但

① ［匈］卢卡奇：《历史和阶级意识》，杜章智等译，商务印书馆1992年版。

② SV Fromm, R Ehrlich, “IFN-gamma affects both the stability and the intracellular transport of class I MHC complexes”, Journal of Interferon & Cytokine Research the Official Journal of the International Society for Interferon & Cytokine Research, 9（1997）：503—524.

③ ［法］萨特：《辩证理性批判》，徐懋译，商务印书馆1963年版。

这并不是说阿格尔的学术无关紧要、无足轻重，阿格尔对于异化消费的批判和对生态危机的揭露的这种首创精神奠定了阿格尔在生态学马克思主义中的地位并且具有一定的世界影响力。① 生态学马克思主义理论是西方马克思主义者倡导的一股思潮，是对当代全球问题和人类发展困境的哲学思考，阿格尔等生态学马克思主义者试图寻找一条摆脱生态危机，实现社会主义的新道路。阿格尔生态学马克思主义立足于当前生态危机的实际，将生态危机与社会主义前景有机联系，这是一种十分积极的探索。在一定程度上该理论不仅展现了马克思理论对解决当代现实问题的意义，而且扩大了马克思学说在现代西方的影响。

对阿格尔的著作进行比较直接研究的学者是美国的詹姆斯 · 奥康纳，对于阿格尔的生态学马克思主义理论奥康纳一直是给予肯定的态度，认定阿格尔的理论属马克思主义。克利福德 · 斯台普斯、马克 · 沃德尔、丹尼斯 · 福塞斯、约翰 · 墨菲等学者从自我认识的角度对阿格尔的生态马克思主义的马克思主义立场表示肯定。意大利学者卢西那 · 卡斯特林那明确提出，生态学马克思主义“无疑代表了我们这个时代的最后年月里马克思主义发展的一个新阶段。”② 以阿格尔为代表的生态马克思主义者将自己的理论聚焦于大众当前最关心、最关注的问题，特别是将生态问题纳入自己的理论视野之中，并通过对生态问题的研究提出社会的整治方案，这种研究是很有价值的。他们探讨人与自然的关系以及资本主义社会生态危机的一系列相关问题，值得关注和研究，特别是阿格尔对当代发达资本主义社会中“异化消费”现象的分析和批判问题意义重大，对于减缓人类生产和消费对生态的压力，特别是对我国的生态文明建设具有借鉴价值。阿格尔的研究相当深刻，给人耳目一新的感觉，加深了我们对资本主义的认识，对当前我国的现代化建设，具有现实借鉴意义。③

（2）关于阿格尔异化消费理论的阶级局限性和方法论局限。

阿格尔的生态学马克思主义理论，特别是异化消费理论，都是希冀构建一种新型人和自然的和谐发展关系，从战略上发展为未来生态学社会主义模

① 申治安:《当代资本主义批判与绿色解放之路》，上海交通大学博士论文，2012年，第16—17页。

② Lawrence E. hazelrigg, “Review, ” Social Forces, 2（1991）: 555—557.

③ 王学伟:《马尔库塞与阿格尔生态马克思主义理论之比较和评价》，《学术交流》2008年第12期。

式。虽然，阿格尔的生态学马克思主义思想具有借鉴价值，然而，其局限性也是显而易见的。奥康纳看到了阿格尔用生态危机取代经济危机的理论缺陷，在一定程度上克服了阿格尔用生态危机取代经济危机的偏差，但他仍然没有认识到生态危机的根源来自资本主义制度，在奥康纳那里，他关心的并不是资本主义生产资料所有制，他认为转变生产导向非常重要。① 因此，奥康纳也没有找到解决问题的根本方法。劳伦斯·黑兹里格大胆地讲述，按照学科的标准，阿格尔的作品缺乏学术性规范，因此其作品呈现出来的感觉不好。② 贝恩德·鲍尔达斯认为阿格尔的批判存在明显的缺陷，首先是缺乏自我批判，在阿格尔的各类理论中对各种社会批判理论持温和态度，甚至过于恭维；其次，阿格尔的理论中存在对社会学术用语重新组合的现象，抛弃了社会阶级相关话语。丹尼斯·福塞斯认为阿格尔研究生态学马克思主义不够彻底，提出的具体改革方案缺少具体阐述，只是做个模糊的表达。

第三节　主要研究思路和方法

一、研究思路

本书以阿格尔对异化消费的批判为主线，通过把握生态学马克思主义的实质和价值、资本主义异化现象及其本质的探讨、对未来生态社会主义模式的构想以及生态社会人格构建的基础性作用四个方面探讨启示。从阿格尔异化消费理论的积极价值来看，阿格尔对异化消费的现象与观点的阐述有助于深入理解生态学马克思主义，汲取当代资本主义发展过程中更多的经验教训为我国社会发展服务；阿格尔对资本主义异化现象及其本质的探讨有助于正确认识和引导改革开放以来我国社会上出现的炫耀消费、奢侈消费、盲目消费、攀比消费等异化消费现象和思潮；阿格尔对异化消费后果的预测和生态社会主义模式的构建佐证并深化了对美丽中国建设的认识；阿格尔揭示人异

① 夏鑫：《詹姆斯·奥康纳的生态学社会主义思想评述》，《社会主义研究》2007年第6期。

② Lawrence E.Hazelrigg, Review, Social Forces, 2 (1991) : 555—557.

化的本质对生态社会人格构建的基础性作用，对中国社会主义生态人格的形成具有现实启发意义。积极汲取阿格尔异化消费理论的精华，摒弃其理论的局限性，结合中国的现实状况，为新时代美丽中国的建设提供可行性建议。具体而言，主要有以下五个方面的内容。

第一，系统阐述阿格尔异化消费理论的基本内容和主要观点，包括异化消费的内涵、本质、后果及对策思路等。本书充分肯定了阿格尔异化消费理论的贡献，即对于树立正确的消费观和幸福观有着现实意义；揭示了人与自然关系的矛盾及异化消费威胁到人类生存的后果；揭露了资本主义制度的缺陷，为变革资本主义社会制度提供了契机。同时也揭示了它的局限性，即没有认识到造成生态危机的根本原因，夸大了异化消费的社会后果，以及生态社会主义所具有的空想性质等。

第二，拓展并深化了我们对生态学马克思主义的认识和理解。从阿格尔异化消费理论作为生态学马克思主义的核心议题展开论述，探讨阿格尔异化消费理论关于对异化消费的批判观点、对生态学马克思主义同行的超越以及对马克思主义的继承和发展，拓展并深化了对生态学马克思主义的认识和理解，汲取当代资本主义发展过程中更多的经验教训。我们进行美丽中国的建设过程中既要深入研究当代资本主义发展的新趋势、新变化，更要看到它们发展过程中的问题与不足，加以甄别，辩证理解吸收，为中国的社会发展服务。

第三，警醒并提升了我们对中国异化消费问题的认识。考察了中国社会异化消费的表现、特点和危害，从经济市场化、信息网络化、价值多元化以及生活方式多样化等方面分析异化消费产生的原因，从“资本与异化消费”“技术与异化消费”“文化与异化消费”以及“劳动与异化消费”四个方面进一步把握异化消费产生、发展、消亡的历史规律，这也是美丽中国“社会美”实现的必要条件。

第四，佐证并深化了对美丽中国建设的认识。通过对中国生态文明建设提出的“绿色消费”目标、“五位一体”总体布局、“生态红线”警示制度三个方面分析，阐述了阿格尔异化消费理论的贡献对美丽中国建设的借鉴价值，这是美丽中国“自然美”实现的核心要义。

第五，促进并强化了生态人格的构建与培育。从生态人格目标、生态人格构建以及生态人格培育三个方面阐述基于阿格尔异化消费理论对中国社会主义生态人格形成的启示，这也是美丽中国“人美”实现的重要保障，更是美丽中国实现的长久保障机制。

阿格尔积极面对现实、应对现实，为解决日趋严重的生态危机提供了有利的契机，尽管他的理论有明显的局限性，然而其理论的贡献对美丽中国建设具有启示价值。美丽中国的实现离不开“自然美”“社会美”“人美”三个重要元素，本书从理论借鉴、现实问题、应对策略、永久机制等维度阐释了阿格尔异化消费理论对美丽中国建设的启示，彰显了生态命运共同体的全球性本质。

二、研究方法

研究方法是人们从事研究过程中总结新观点或者新思想所采用的一系列方式和方法。掌握科学的研究方法，对于我们掌握事物的本质，摸清事物的规律有着重要的作用。

1. 辩证唯物主义和历史唯物主义方法

对阿格尔的原文理论观点进行解读，对西方马克思主义，特别对生态学马克思主义的马克思主义立场进行辨析，进一步掌握阿格尔生态学马克思主义的整体思想和观点，从而探讨阿格尔异化消费理论的理论贡献和理论缺陷。

2. 文献研究的方法

在阅读原著和相关文献的基础上，充分把握阿格尔异化消费理论研究的国内外成果，对生态学马克思主义理论、异化消费理论的相关文献进行搜集、鉴别和整理，从而把握阿格尔异化消费理论的整体脉络。依据阿格尔异化消费理论的积极价值，对异化消费等有关文献进行分析整理，分析鉴别出当代社会存在的异化消费现象，从而梳理出阿格尔异化消费理论对美丽中国建设的启示与借鉴。

3. 历史与逻辑相统一的方法

本书运用历史与逻辑相统一的方法综合分析阿格尔生态学马克思主义异化理论产生和发展的轨迹，从异化消费的社会影响、生态影响到对人的影响的内在逻辑与批判过程中总结积累的基本经验，这些分析对于探究阿格尔异化理论对美丽中国建设的借鉴价值奠定了理论基础。

4. 理论联系实际的方法

将阿格尔异化消费理论与美丽中国建设过程中人的消费状态、理念、行为有机结合，对我国公众的消费现象及消费理念进行理论辨析，对如何消除中国的异化消费现象、对新时代美丽中国建设的认识以及培育中国特色社会主义生态人格做出深度思考，从而找出阿格尔异化消费对美丽中国建设的借鉴价值。

第二章　阿格尔异化消费理论

阿格尔异化消费理论是当代资本主义经济危机不断加剧和绿色政治持续发展的结果，它系统地研究了当代资本主义最主要的异化现象。本章通过对阿格尔生平及主要思想的背景追溯，厘清了阿格尔异化消费理论形成的理论源泉和社会实践来源，从提出异化消费的概念、揭示异化消费的本质、预言异化消费的后果及提出异化消费的终结方案四个方面阐释了阿格尔异化消费理论的主要内容，运用马克思主义立场、观点和方法评价了阿格尔异化消费理论的贡献和不足，为后续启示意义的阐发确立了依据。

第一节　阿格尔生平及主要思想

一、阿格尔生平

“20 世纪 60 年代至 70 年代的美国学术界，出现了一次举世瞩目的马克思主义理论兴趣大回潮。”[①] 阿格尔是在这个思潮过程中成长起来的青年哲学家。阿格尔将生态视阈引入历史唯物主义[②]，首次提出一个重要范畴即“生态学马克思主义”[③]，并首次对异化消费给予明确定义。

阿格尔 1952 年在美国出生，美籍学者，现居住在得克萨斯州的阿林顿，退休前为美国得克萨斯大学社会学专业教授。书香家庭出身的阿格尔，从小家庭教育非常严格，其父亲（Robert Agger）是一名大学教授，也是一

① 卢卡奇：《历史和阶级意识》，商务印书馆1992年版。

② Herbert Marcus，One-Dimensional Man.（Boston：Beacon Press，1964），p. 25.

③ 王大为：《马尔库塞两种需要理论及其现实意义》，《前沿》2015年第12期。

名政治家。[①]阿格尔的父亲为阿格尔提供了一个非常好的家庭教育环境，其父亲在 19 世纪 60 年代积极参加公民权运动和反战争运动，特别是他还曾担任种族平等地方分会的主席，阿格尔也是在父亲从事的工作范畴中熟悉了激进政治和领悟了思辨模式。在阿格尔 13 岁的时候，父亲带他游历了苏联，在游历的过程中他感受到了人民在被专制统治的同时缺少自由的苏联列宁与布尔什维克的勇敢，他们向往一个新世界，这个新世界不同于资本主义。[②]阿格尔高中毕业即他 17 岁那年，接触了家乡尤金的俄勒冈大学的一堂社会学课，老师在这节课坚持了理论导向和政治导向，也从这堂课开始他对理论研究产生了兴趣。在这节课上老师列举了一些公民的不满，比如对战争、种族、性别、贫困以及污染等问题的态度，这些平凡的公民所持有的不满也是困扰阿格尔自身多年的问题，也是在这一节课上，这些困扰被解决了，阿格尔对奋力抗议镇压的群众感同身受。在之后的日子里，阿格尔不断地思考社会学这门学科以及实践的意义。虽然，阿格尔不清楚是怎样一种社会批判形式，但是经过思考，他希望变革这个世界。从这一节课后，阿格尔对社会学知识，特别是三大社会问题：种族主义、越南战争和环境污染进行重点研判。阿格尔高中毕业后，继续攻读了大学及后续研究生阶段的课程。21 岁那年获得约克大学（University of York）政治科学与社会学的学士学位；22 岁那年获得社会学专业的硕士学位，后又继续攻读博士学位。阿格尔 24 岁那年从多伦多大学获得了政治经济学专业的博士学位。青年读书阶段，黑格尔的《精神现象学》和马克思的《1844 年经济学哲学手稿》对阿格尔的影响非常大，这些重要的读本直接为阿格尔奠定了重要的学术基础，也是阿格尔批判主义理论的来源。在阿格尔青年时期的学习过程中，南斯拉夫理论家的教育，特别是铁托政府统治下的南斯拉夫社会理论，阿格尔特别感兴趣，他通过理论学习知晓了南斯拉夫的社会主义模式及这种社会模式与苏联的区别。真正使阿格尔逐步成长为一名马克思主义者，应该感谢阿格尔的导师约翰·奥尼尔（John O’ Neill），他肯定了马克思主义的早期思想，从导师那里阿格尔领悟到马克思主义是人道主义的，用马克思理论指导自己在

① Ben Agger, Postponing the Postmodern: Sociological Practices, Selves and Theories（Lanham, MD: Rowman & Littlefield, 2002）, pp. 32—38.

② Ben Agger, The Virtual Self: A Contemporary Sociology.（Boston: Blackwell, 2004）, pp. 4—10.

工作、共同体、同事及自然存在的异化并从中总结经验。导师关于马克思主义的解读对阿格尔的学术思想产生深远影响，让阿格尔理解了真理的存在。在导师奥尼尔的教育影响下，阿格尔还研究了德国批判理论家霍克海默、阿多诺及马尔库塞的作品。阿格尔从导师那里学会了大手笔的写作风格，用现代性、理论性的手法阐述了人类解放理论，特别是对种族主义、性别歧视以及经济剥夺等重要问题进行深度思考，思考变革社会的方式。阿格尔并没有采取“价值中立”的方式开展理论思考，而是彻底对诸如美好社会本质等问题重新规范。1976 年阿格尔博士毕业后，成为加拿大魁北克省的主教大学(Bishop’s University，Quebec)的社会学专业助理教授。1977 年，阿格尔转到滑铁卢大学任教，工作至 1980 年。之后，阿格尔在纽约州立大学水牛城分校（SUNY-Buffalo）教书，在该校教书的 15 年里阿格尔获得了教授职称。1994 年，阿格尔到阿林顿的得克萨斯大学教书，直至退休。作为一名教授和批判的社会理论家，阿格尔的成长与大学的学习生活和早期的生活经历有很大关系。同时，阿格尔在多年的教学生涯和四处游学之中积淀了丰富的学术思想和先进的价值观念，这些为他在日后坚定的政治立场和先进的政治观点奠定了坚实的基础，形成了他丰富的学术思想。

二、阿格尔主要思想及形成

阿格尔自 20 世纪 70 年代中期开始，在其 40 多年的学术生涯中，一共出版了 10 多部学术专著，学术成果较为丰硕。从整体上把握阿格尔的学术思想历程，可以将阿格尔的学术思想分成三个阶段。

第一个阶段的学术思想主要集中在 1976—1988 年，在这期间阿格尔着重探讨西方马克思主义思想史，从学术史的角度探讨西方马克思主义社会学与哲学。这一阶段是阿格尔生态学马克思主义思想提出和框架形成的阶段。在这一阶段阿格尔的代表作主要有：1976 年出版的《论幸福和被毁的生活》、1977 年出版的《辩证的敏感性批判理论、唯科学主义和经验主义》、1979 年出版的《西方马克思主义概论》、1980 年出版的《资产阶级的马克思主义》、1981 年出版的《关于对话的批判理论》、1982 年出版的《马尔库塞的弗洛伊德马克思主义》、1983 年出版的《“马克思主义”抑或“法兰克福学派”？》、1984 年出版的《左翼学术：学术产品的当代矛盾》、1985 年出版的《去工业化的辩证法：关于发达资本主义的一篇论文》以及1988年出版的《马尔库塞的美学政治学：意识形态批判与社会主义本体论》。阿格尔首次提出了“生态学马克思主义”，其理论是建立在对马克思主义深刻理解的基础之上，这是阿格尔学术生涯的重大理论贡献，阿格尔是这样论述“生态学马克思主义”的，“生态危机论，或我们所说的生态学马克思主义，认为限制工业增长的迫切要求将形成重大的政治压力，这些压力也许会迫使人们对作为工业资本主义文明的目标和方法进行彻底的重新评价，生态学马克思主义之所以是马克思主义，是因为它看到了资本主义的扩张，认为资本主义工业生产是挥霍性并且存在制度的缺陷，它没有忽视阶级结构”[①]。阿格尔认为过度生产和异化消费对生态环境造成破坏，提出要缩减资本主义生产、经济、技术，变革社会制度，指出人们在期望破灭后就会对现存的资本主义制度反感，甚至反对，提出了改造资本主义方案的生态社会主义构想。

第二个阶段的学术思想主要集中在1989—1999年，这一阶段是以批判思想为主要学术特征。阿格尔的生态学马克思主义从女权主义思想转向后现代批判理论阶段，阿格尔的主要代表作有：1989年出版的《社会（本体）学：学科解读》和《快速资本主义：一种批判的意义理论》、1992年出版的《关于控制的论述：从法兰克福学派到后现代主义》、1993年出版的《性、文化和权力：走向女权主义后现代批判理论》。阿格尔在1994年从纽约州立大学水牛城分校转到得克萨斯大学阿林顿分校担任教授期间，认真钻研并于1998年出版了《批判社会理论导论》。这一时期的资本主义没有像阿格尔所预期的那样出现缩减生产状态，反而生产在不断扩大，由此生态危机日益凸显。特别是苏东欧剧变后，社会主义事业一直处于迷茫期，后现代主义和女权主义不断挑战马克思主义批判理论，阿格尔以马克思的辩证方法为指导，积极接受法兰克福学派的传统精华，深入分析了当代资本主义生态危机的根源与解决方式，在分析思考人与自然、人与社会之间的关系，反思法兰克福学派批判理论的基础上，对法兰克福学派的批判理论进行再反思，对马克思主义进行重构。作为继承者，阿格尔的学术思想与法兰克福学派是一脉相承

① ［美］本·阿格尔：《西方马克思主义概论》，慎之等译，中国人民大学出版社1991年版。

的，特别是阿格尔一直推崇马尔库塞的批判理论。① 阿格尔作为“第三代批判理论家”之一，他对法兰克福学派第一代批判理论与第二代批判理论进行研究、继承与发展，在此基础上提出了女权主义后现代理论 ② 和批判社会理论 ③。在这一阶段阿格尔对资本主义进行全面批判，深刻揭露了资本主义社会对自然和人的双重控制。

第三个学术阶段的思想主要集中在 2000 年至今，这一阶段，阿格尔深度反思了互联网影响下的网络社会，这也是阿格尔生态学马克思主义思想进一步深化阶段。在这个阶段阿格尔的主要代表作有：2002 年出版的《后现代化“后现代化的”：社会实践、自我和理论》、2004 年出版的《加速快速的资本主义：文化、工作、家庭、学校、身体》、2009 年出版的《40 年后的 60 年代：领导者和激进者的记忆与展望》以及 2010 年出版的《身体问题：快餐社会中的长期跑步与生活》。这一阶段阿格尔发表的文章有：2001 年发表的《作者被书写吗？互联网时代的文化政治和文学动因》，2007 年发表的《网络社会中的时间与短暂性》等。这个阶段网络技术迅猛发展，阿格尔意识到网络化大量信息狂轰滥炸可能会加剧日常生活进一步殖民化。面对生产和消费速度之快、对环境破坏之大，社会变革更是困难加剧，面对诸多困扰，阿格尔没有灰心，提出让社会节奏和步伐慢下来，建立公正的国际政治经济文化等改革社会的措施和途径。他期待能够建立一种超越资本主义，非异化的社会，最终达到人、自然和社会的和谐相处。

总而言之，阿格尔认为马克思的理论无外乎三点：异化理论及人的解放观；资本主义社会制度及其内在矛盾发展规律的理论；使内在矛盾的逻辑向经验方面发展的危机理论模式。④ 在阿格尔那里，马克思主义的完整性在于异化理论、内在矛盾理论和危机模式三者的有机结合，只有这样马克思的理论才算完整。异化理论是马克思在哲学视域下对人类历史发展作出的思考；

---

① Ben Agger, The Discourse of Domination: From the Frankfurt School to Postmodernism (Evanston: Northwestern University Press, 1992) , p.348.

② Ben Agger, Gender, Culture and Power: Toward a Feminist Postmodern Critical Theory (Westport, CT: Praeger Publishers, 1993) , p.1.

③ Ben Agger, Critical Social Theories: An Introduction(Boulder: Westview Press, 1998) , pp.4—5.

④ 王雨辰：《生态辩证法与解放的乌托邦—评阿格尔的生态学马克思主义理论》，《武汉大学学报》（人文科学版），2006年第2期。

内在矛盾理论是马克思在经济层面上揭示人类历史发展的规律和客观性的矛盾；危机模式是马克思凭借经验对社会主义是否取得革命事业的胜利进行的思考，这三方面的研究是马克思在不同层面上所作出的思考和研究。在阿格尔看来，社会主义的出现还需要革命的工人阶级从自我觉悟上认识到危机并能采取行动。因此，阿格尔认为："如果人们不从理论结构上（这个理论结构为人类指明如何通过认识资本主义的内在矛盾并以此行动去争取社会主义的变革）说明他们的异化所在，也同样不会有革命。"① 阿格尔认为，没有阶级意识的、自发的革命活动，想要超越资本主义制度去建立完全不同、截然相反的社会主义的关系是不可能的。阿格尔的这些理论体现了马克思主义辩证法"理论与实践相统一"。阿格尔运用同样方法对西方马克思主义理论，包含欧美、日本等发达资本主义国家和地区在内的全部国家进行评述。他将西方马克思主义的总体特征总结为：他们要么夸大马克思的决定论倾向，要么夸大唯意志论倾向，当资本主义制度危机盛行时，决定论观点占主流；当资本主义控制群众骚动困扰、失业及通货膨胀的时候，意志论盛行并被人们所接受。阿格尔认为，"西方马克思主义的历史是一部危机触发革命的决定论和政治和谐与阶级和谐时期形成的社会主义变革的悲观性情感不断交替的历史。"② 阿格尔总结其原因，就是西方马克思没能很好理解马克思"理论和实践相统一"的辩证法。纵观阿格尔的整个学术经历，我们可以看出，他的学术思想因为不断地吸收各种理论资源而极具复杂性。从阿格尔的整个学术思想，我们可以看到阿格尔以马克思主义为指导，重建资本主义的危机理论。他对当代资本主义进行全面批判，具体抨击了资本主义制度和资本主义反生态的性质，揭露了异化消费造成生态危机的后果。面对社会方方面面的异化问题，阿格尔希望通过社会变革来实现人与自然、人与人以及人自身的和谐。

三、阿格尔异化消费理论源起

"生态学马克思主义"是以生态学的视角对资本主义社会存在的消费行为和消费现象进行批判性分析，作为生态学马克思主义重要代表人物，阿格

① ［美］本·阿格尔：《西方马克思主义概论》，慎之等译，中国人民大学出版社1991年版。

② ［美］本·阿格尔：《西方马克思主义概论》，慎之等译，中国人民大学出版社1991年版。

尔对异化消费进行了明确定义和系统地研究，提出了异化消费理论，其理论形成具有深刻的理论和现实渊源。

1. 阿格尔异化消费理论产生的思想渊源

马克思的异化劳动理论。在《1844年经济学哲学手稿》中马克思首次提出异化劳动的概念，认为劳动本应该由劳动者支配，但在私有制条件下却发生了异化，工人不再直接生产所需要的商品。“异化劳动”和“商品拜物教”这两个概念对阿格尔研究“异化消费”产生了极其深远的影响。阿格尔异化消费理论是在马克思的异化劳动基础之上建立的，虽然阿格尔所处的时代与马克思所处时代工人的劳动还是比较有差异的，但对异化劳动性质的判定，阿格尔与马克思的立场是一致的。

事实上，从马克思的异化劳动理论之后，在全世界范围内关于异化概念和异化理论的研究一直被探讨着，马克思之后，匈牙利著名理论学家卢卡奇（1885—1971）也对异化问题进行研究，前面也有过详细论述，卢卡奇根据马克思对资本主义社会现实存在的人与人赤裸的金钱关系及普遍存在的商品拜物教的论述，提出他的“物化”理论，它有两方面的含义：其一，商品世界的运动法则出现及发展后，人们可以认识相关运动法则却无法使之改变；其二，商品经济充分发展，人生产商品的同时，自己也变成了商品，商品不以人的意志为转移，按照市场法则运行，渐渐地人也和生产出来的商品一样丧失自己的主体性，这就是物化的过程。这种物化的集中表现就是拜物教，这种意识在人们的心灵深处形成牢固信念，在人们心目中打下深深的烙印。卢卡奇的物化理论和马克思的异化理论，从对异化揭露的本质上看没有太大区别。法兰克福学派因其批判理论而著名，这个理论深深地影响着诸多西方左翼学者。[①]20世纪六七十年代以来，受法兰克福学派影响，阿格尔采取了左派的政治立场，继承了法兰克福学派的批判性、激进型、综合性和开放性的传统。阿格尔将自己的思想融入法兰克福学派理论传统并加以修正发展。阿格尔多次认可法兰克福学派的批判理论，认为马克思主义实质上是一种辩证的批判理论。他指出，“霍克海默、阿多诺和马尔库塞等人各自汲取马克

① 申治安：《阿格尔对法兰克福学派的继承与发展—阿格尔作为第三代批判理论家何以可能？》，《内蒙古大学学报》（哲学社会科学版）2012年第11期。

思的辩证逻辑理论和方法指导自身实际，并在后续研究中借鉴了这种框架方法，《启蒙辩证法》《否定辩证法》以及《爱欲与文明》和《单向度的人》等，这些著作都是这种思维框架下的成果。”① 这些著作中重新将马克思主义加以定位：认定马克思主义是建立在反思性批判基础之上。阿格尔认为，马克思是一般批判理论之中的一个特例，他在分析当代社会时能及时进行理论修正。②

20 世纪 70 年代，阿格尔对西方马克思主义的历史进行系统、全面地分析，对马克思的辩证方法和法兰克福学派的批判理论不断进行修正，提出批判异化消费的理论及资本主义社会的“生态学马克思主义”，开启了马克思主义的生态视域。阿格尔认为马克思的异化劳动理论已经不足以用来解释现实危机，马克思的危机理论只是在资本主义工业生产中产生实效，现实需要汲取各类思想，重新构建马克思主义。阿格尔认为，“马克思没有意识到包括消费领域在内的政治领域、意识形态领域和文化领域等出现的危机趋势可以导致资本主义崩溃，而认为只有在生产领域的危机才可以”③。他一直寄托于在对当代资本主义社会进行全面批判的基础上，通过社会经济变革的方式构建生态社会主义，实现人与自然、社会、人自身的和谐相处。以阿格尔为代表的生态学马克思主义学者面对当前全球性生态危机，做出了有一定思想深度的批判性分析，他认为虽然资本主义的经济危机仍在一段时间内存在，但现在的主要危机是生态危机，他的生态危机理论包含两个层面：一方面由于资本主义商品生产模式不断扩大导致环境污染剧增；另一方面人们在枯燥的生产过程之外从情感上依附于商品的异化消费，力图摆脱异化劳动的负担，减轻集权主义的压迫。④ 阿格尔在揭示资本主义生态危机社会成因的基础上，继承了马克思异化劳动理论与法兰克福学派批判理论，形成了他的异

① Ben Agger, The Discourse of Domination: From he Frankfurt School to Postmodernism.（Evanston: Northwestern University Press, 1992）, p.15.

② Ben Agger, The Discourse of Domination: From the Frankfurt school to Postmodernism. Evanston（Northwestern University Press, 1992）, p.5.

③ Ben Agger, Western Marxism: An Introduction（Santa Monica: Good year Publishing Company Inc, 1979）, p.233.

④ Ben Agger, Western Marxism: An Introduction（Santa Monica: Goodyear Publishing Company Inc, 1979）, p.268.

化消费理论。[①]

2. 阿格尔异化消费理论产生的社会历史条件

随着生产力的迅猛发展，科学技术水平的飞速提高，人们征服自然、改造自然的能力愈发增强，人们的生活水平愈发提高。然而资本主义在发展过程中采取征服自然和掠夺资源的手段无所顾忌，往往是竭泽而渔甚至杀鸡取卵。资本主义的高生产和高消费带来的生态污染和资源短缺显而易见。具体表现在以下几个方面：第一，全球性大气污染，相应出现温室效应、酸雨、臭氧层破坏、雾霾等问题；第二，森林锐减严重威胁到生态系统；第三，土地贫瘠化、荒漠化威胁到生存环境；全球大部分淡水被冻结在冰层中，水资源缺乏；第四，物种灭绝和消失。20 世纪 50 年代末，全球环境遭到前所未有的破坏，发达资本主义国家在创造了高度的工业文明的同时，生态危机也相应而来。

消费主义发源于发达资本主义国家，正是资本主义生产力进一步发展的产物，自 20 世纪二三十年代起从美国开始蔓延。随着人类物质生活的进一步提高，人类对资源的需求量越来越大，到 20 世纪 70 年代到达顶峰。[②]这个阶段，工业生产和经济发展已达到空前鼎盛阶段，资源开发利用的数量和人口增长率上升到最高点，发达资本主义国家消费进入空前的最高点。[③]“消费主义宣扬的是挥霍纵欲和奢侈浪费的生活方式与消费理念，从而实现资本增值的目的。在这种生活方式中，人们将购物和消费作为生活的主要内容，将美好生活与人生意义直接联系起来。”[④]在消费主义的支配下，形成了一种超出生理需求和精神需求的异化消费，极大地危害了社会的发展。

第二次世界大战后资本家转变了生产资料的占有形式，从直接向间接转变，从有形向无形转变。资本家为了追求更大的经济利益而不断扩大再生产，为了使生产出来的产品迅速销售，资本家一再张扬物质消费对人生的价值和意义，把刺激消费变成自己发财致富的主要手段。在这样的社会制度

① 申治安：《当代资本主义批判与绿色解放之路》，上海交通大学博士学位论文，2012年，第15—30页。

② 张凤翠：《本·阿格尔的生态学马克思主义研究》，吉林大学博士学位论文，2015年，第18页。

③ 余谋昌：《文化新世纪》，中国矿业大学出版社1996年版。

④ 赵玲：《消费的人本意蕴及其价值回归》，《哲学研究》2006年第9期。

下，不明真相的劳动者拼命工作，为了弥补这种非创造性的又常常是报酬不足的异化劳动过程而带来的单调和乏味，劳动者通过更多的消费获取商品来换取短暂的快感。同时，资本家通过广告等媒介手段将消费等同于人们的幸福，诱使人们为了享受消费而拼命工作以麻痹他们的斗志，维护其生产的无限扩张。“异化消费”恰恰是由资本主义的生产方式所致，这种通过无节制地消费决定人的幸福感，凸显了当代资本主义社会的异化特征，特别是在消费领域。消费不是来自人的自身需要，而是变成目的，人们的自我欲望不断膨胀，人成了欲望的奴隶。在资本主义这种生产方式和消费方式的引导下，大量生产、大量消费，势必超越自然界的承载能力，破坏人与自然之间的物质变换，加速自然资源消耗，破坏生态的平衡，导致了自然生态的背离。同时，消费是在人与人之间的社会关系中体现的，一个社会的消费方式体现了一个社会的公平、正义与和谐的程度，而一个社会人的消费观念和消费方式直接体现着他对社会公平、正义与和谐的理解，异化消费恰恰体现着人对社会公平、正义与和谐的无情漠视与践踏，导致与社会生态的背离；消费至上的消费理念让人们的欲望永无止境，腐蚀人的灵魂，直接引发了消费主体的异化，扭曲人的幸福观和价值观，阻碍了人自由而全面地发展。马克思主义认为，大多数马克思主义者忽略的一个问题就是与异化劳动合乎逻辑的对应现象—异化消费。面对着能源短缺，地球资源的“不断萎缩”和日益增长的物质需求，生态学马克思主义的观点就是扩大资本主义国家的调节作用，对生产能力进行缩减甚至实行禁欲主义，将人的需求降低，转移物质需求到精神和文化领域。阿格尔认为危机从工业资本主义的生产领域转到了消费领域，生态危机替代了经济危机。人们在生产中得不到的乐趣转而在消费中产生，在劳动中缺乏的自由意识转而依附于消费领域，这样就可以补偿自己在劳动中的苦闷。阿格尔期待人们不是从对商品的无限依赖中得到满足，而是能够从有成就感且具有创造性和非异化的劳动中得到满足。

第二节　阿格尔异化消费理论的基本内容

阿格尔生态学马克思主义的一个核心内容就是异化消费理论，在对异化消费进行阐述的过程中，阿格尔对异化消费的概念、本质、后果进行分析，并对摆脱异化消费的对策进行了深入探讨。

一、异化消费是“商品补偿”现象

阿格尔是生态学马克思主义的重要代表学者，他试图将马克思主义与生态危机有机结合，在马克思主义指导下，把生态问题纳入“北美的马克思主义”的研究范畴。1979年其在《西方马克思主义概论》中第一次公开预言：作为未来马克思主义主流形态的“生态学马克思主义”思潮即将到来，对生态学马克思主义与生态社会主义的理解做详细论述，并试图将马克思主义与美国的民粹主义有机结合以实现生态社会主义。① 在这本书中“生态学马克思主义”第一次作为概念被提出，异化一直是生态学马克思主义研究的重要内容。“异化”的原意含有“转让、脱离、疏远、与人相对立”等意思。马克思的一生中都在使用异化这个概念，马克思认为异化占据了资本主义社会的主流，因此资本主义的最终命运必然走向灭亡。阿格尔将异化的视角转到消费中去，开始了异化消费领域的探索，指出了消费者无度的消费欲望，为满足自身的“虚假需要”而拼命工作，沉浸于消费为人类带来的快感，甚至在消费中迷失自我等状态。异化消费不仅危害到生态领域更是危害到社会领域。

阿格尔对异化消费的概念进行了梳理并给予明确的定义，这体现在他的《西方马克思主义概论》中，认为“异化消费是人们为补偿自己那种单调乏味的、非创造性的且常常是报酬不足的劳动而致力于获得商品的一种现象”②。在这里，阿格尔强调四点：第一，异化消费是单调劳动的商品补偿，人们在劳动中的苦闷转而在闲暇时靠消费发泄。阿格尔认为异化消费的终极

① 吴宁：《生态学马克思主义思想简论》（上册），中国环境出版社2015年版。

② ［美］本·阿格尔：《西方马克思主义概论》，慎之等译，中国人民大学出版社1991年版。

原因是资本主义异化劳动的“劳动—闲暇二元论”思想。就是说，机器化大生产时代，人们只需要配合好精密的仪器操作即可，创造性和主观能动性无处发挥。对于无产阶级而言，这种缺乏创造力和全部出卖自己的过程是个单调而乏味的过程，单调的生产模式久而久之使人厌恶，人们在机械化的劳动中享受不到快乐，体味不到劳动的意义，颓废无聊之时开始从生产转向消费。[①] 第二，将消费等同于幸福。由于人生来就是追求自由的，在这种本性下，人们被迫离开生产领域转而面向劳动之外的消费领域中放松自我以获取创造性和自由性。人们内心的满足感，对自由的向往无法在苦闷的生产过程中获得。人们在生产过程中面对的是冰冷、机械、毫无生气的机器而不是和谐性生产，因此，人们必然在劳动之外的时间去补偿自己；为了补偿单调劳动的苦闷，受资本主义广告的操控人们在消费中去寻求满足与幸福，以消费获取快乐和幸福的结果便是人们在整个消费过程中被异化了。第三，注重消费的符号价值。资产阶级鼓励工人把消费当成自己异化劳动的一种补偿，把消费当成人们幸福的源泉，而资本家恰恰利用了这一点，通过广告等媒介一味夸大商品的符号价值，诱使人们更多地消费，这最终使工人丧失战斗力，工人阶级斗争意识被消灭。阿格尔认为，异化消费中人们获取商品的消费过程并不是使需求与商品的通常外观即“纯”商品本身对等，而是使需求适应某种商标名称的商品。第四，工人在劳动中缺乏自由和意图，过度依赖于消费。阿格尔的这种思想是对马尔库塞相关思想的继承，阿格尔认为人们从异化消费中无法获得真正的自由，“因为这种消费的目的不是为了满足人们的基本需求或真实需求，是真正自由的苍白反应。”[②] 这种异化消费出现主要有两个方面，一方面是来自于外界，工人在劳动过程中受异化劳动和资本主义对虚假需求的诱导；另一方面是来自人们的内心，人们的虚假需要产生虚假意识，导致消费的异化。异化消费直接导致两种对立的社会意识：对于少数富裕阶层而言，他们会视自己为“上等公民”，有骄横的优越感；对于多数平民和弱势群体而言，他们会因为自己消费缺量而怀有强烈的失落感，这种窘境下来的失落感与媒体激发出的强烈欲望之间的矛盾，直接让人感到社会

① 李宁、戴艳军：《阿格尔异化消费理论的生态价值》，《山东社会科学》2019年第8期。

② Ben Agger, Western Marxism: An Introduction (Santa Monica: Goodyear Publishing Company Inc, 1979), p.324.

的不公平。久而久之，这种对社会“上等公民”不满的情绪会演变为仇恨，甚至扩大到指向整个社会，不仅激化了社会矛盾，也会疏远人与人之间的关系。对于个体而言，闲暇之余的时光不是用健康积极向上的精神生活去充实，而是选择无止境消费来替代精神需要，把物质生活的满足作为人生的唯一目标，长此以往，极易扭曲个人的道德人格，异化消费绝不因经济合理性而得到相应辩护，会使人们放逐平等、自由与文明等理念，从根本上动摇以人为本的价值根基和促进人的自由全面发展的价值目标。

二、异化消费的本质在于异化劳动

阿格尔认为资本主义浪费性的过度生产使人们缺少创造性，人们在其中的感受是苦闷的、缺少自由的。资本主义过度生产商品的目的是最大化实现剩余价值，为了销售过度生产出的商品需要不断鼓励人们在劳动之余去消费，使资本积累和再投资得以进行以实现资本主义的利润。阿格尔期待人们认清资本主义以广告为媒介引导人们无休止消费的本质，设想人们进行创造性的、非异化的劳动。[①] 异化生产造成异化消费，异化消费源于异化生产，生产过程中工人本应该处于主导和支配地位，然而资本主义制度下，工人生产出的产品自己不能够支配，他必须通过出卖劳动力换取报酬对商品进行购买以此获得商品的消费权益，资本家对工人创造的劳动无情进行掠夺，这就是产生异化劳动的异化生产的过程。这样的生产过程没有给工人带来幸福，反而带来的是不幸，这也是异化生产的表现。阿格尔在强调过度生产对生态系统的破坏时是这样强调的，“我们的生态学马克思主义之所以是马克思主义，是因为它认识到资本主义通过挥霍性、浪费性生产来达到扩张的目的。也就是说，在资本主义制度下，资本家为了追求利润最大化而不断地进行扩张，这种资本扩张造就了过度生产。这种无限制的过度生产的结果是世界上不可再生资源不断缩减、工业生产引起的大气温度加速变热，导致我们生存的地球两极冰层有可能融化。”[②] 资本主义完成过度生产这一过程时，就需要相应的商品消费与之匹配。消费与生产不匹配，资本家就无法从商品中榨取

---

① [美] 本·阿格尔:《西方马克思主义概论》，慎之等译，中国人民大学出版社1991年版。

② Ben Agger, Western Marxism: An Introduction (Santa Monica: Goodyear Publishing Company Inc, 1979), pp. 319—320.

剩余价值，也就无法实现利润。如果人们不消费，经济就会下滑，相应地，资本家就缺乏充分的资金流来维持自身的运转。资本主义的本性就是追求利益的最大化，为了更好地维护自身的统治，资本家不断扩大生产规模，同时鼓吹消费的意义，以求刺激人消费、转变人的价值观，由此控制人心。在资本主义社会，资本家为了创造更多的剩余价值，只有通过大量生产带来社会生产力的极大提升，而过度生产只能通过刺激大众过度消费的方式来实现。也就是说，资本家通过刺激消费扩大资本主义商品生产，而刺激消费则需要公众将追求享乐主义、消费主义的奢侈理念作为扩大生产的精神动力。问题在于，消费者购买的商品不再是为了追求商品的使用价值，因为事实上，消费者购买商品时不断地被日益膨胀的消费欲望所刺激，形成了不再为了获取商品使用价值的一种虚假“需求”，这种需求源于资本主义广告等媒介推崇的过度消费理念。① 资本主义要扩大商品的消费量，就会想尽一切办法鼓励人们盲目消费、过度消费，这就是阿格尔所提出的“异化消费”的具体体现。

阿格尔指出：“生态危机的趋势使得工业经济经历商品生产不断缩减的过程。也许，工人最初会感觉失望，因为在异化劳动中的工人已经习惯了无止境的消费，这是他们生存的唯一目的。但这种失落感最终会表现为对资本主义制度的不满，即最终放弃作为不适当地逃避异化劳动手段的异化消费。”② 阿格尔认为，资本主义制度自身暴露出缺陷。首先，资本主义最大限度地追求剩余价值要求它必须不断扩大再生产，而扩大再生产必然要求增加生产资料的投入，这势必导致对自然资源的大量开采与破坏，产生大量工业废物，造成环境污染等。正如阿格尔所说，当代资本主义社会中，因为社会压力过大而导致人们在疯狂购物消费中寻求快乐，以此缓解压力，过度消费导致商品不断再生产，最终导致生态危机。③ 其次，资本家为了将生产出的商品销售以实现其利润，必然向人们推崇消费主义的生活模式和消费模式，由此实现资本主义利润并进一步控制人们的内心；最后资本家通过广告操纵放大商品本身价值，人们将消费的过程视为放松和愉悦的过程，以此补偿劳动过程中的异化。“消费问题是环境危机的核心，

① 包庆德：《评阿格尔生态学马克思主义异化消费理论》，《马克思主义研究》2012年第4期。

② ［美］本·阿格尔：《西方马克思主义概论》，慎之等译，中国人民大学出版社1991年版。

③ ［美］约翰·贝拉米·福斯特：《马克思的生态学：唯物主义与自然》，刘仁胜译，高等教育出版社2006年版。

人们的消费行为正在对环境、对地球的承载能力造成威胁。”① 正是对物的无止境的占有欲望，进一步导致自然生态的破坏与恶化，破坏了生态系统。“不管在理论上，还是在实践上，危机理论都能使我们勇敢地面对存在于资本主义与自然之间的矛盾。”②

在阿格尔那里，资本主义社会采取“异化消费”的方式维护其存在的合理性，以消除人们对资本主义的批判能力，是生态危机的社会政治根源。资本主义这种高生产、高消费的生产方式不但引起了社会资源的极度浪费，而且污染了人们赖以生存的生态环境，这样的后果是不仅直接威胁到人类的生存，而且制约了资本主义的生产和发展。在阿格尔看来，进入垄断资本主义时代，无产阶级的生活得到了很多改善，这时资本主义的危机不是经济危机，而是生态危机。具体表现在，消费被资本家所操纵，是资本家控制社会的一种手段和形式。资本主义通过广告鼓吹消费主义模式制造出“虚假需要”，诱导人们过度消费。过度消费以过度生产为基础，二者紧密联系，密不可分，“过度生产”给地球造成超负荷，从而引发环境问题。因此，为了保证经济的增长和社会的稳定，资本家不断刺激人们的消费行为，这样的结果是一方面造成了对环境的严重危害；另一方面也造成了自我的迷失，引发了自我危机的开始。

总之，阿格尔认为，对于在异化劳动制度中的工人而言，无休止的消费被作为工人排遣的唯一目的，生态危机的趋势使工业经济经历一个缩减商品的过程，工人也许最初会表现出失落感，但最终会放弃作为不适当地“逃避”异化劳动手段的异化消费，即工人的失落感最终会表现为对资本主义的批判。③

三、异化消费的后果威胁人类生存

消费主义自20世纪二三十年代从美国开始蔓延，消费的愈益膨胀，已经大大超过了自然界的承受能力。受资本主义消费价值观的影响，人们评

① 施里达斯·拉夫尔：《我们的家园—地球》，夏堃堡译，中国环境科学出版社1993年版。

② James O’Connor, Natural Causes (New York: The Guildford Press, 1998), p.186.

③ Andrew Wernick, “Critical Theory and Practice: A Response to Ben Agger”, Canadian Journal of Political and Social Theory, 3 (1979): 107—117.

价幸福的程度以消费多少为尺度，人们从消费活动而不是生产活动中得到满足。受资本主义消费主义价值观的刺激，人们的消费欲望无穷无尽，无所顾忌。资本主义的这种消费的异化状态一方面超越了自然界的承载能力，引起生态危机；另一方面资本主义国家倡导消费至上，也引发人的异化。阿格尔主要沿袭法兰克福学派的理论传统展开对资本主义生态危机进行批判。正如阿格尔所指出："异化消费是人们对所从事的日益令人厌恶的无法自我实现的劳动补偿。这些马克思主义者没能看到消费领域的危机而只关注生产领域的危机。"[①] 消费是当代资本主义普遍盛行、具有时代特征的异化现象，他提出的异化消费理论是面对异化消费造成资源的不断减少和生态的不断污染而导致生态危机的深度反思。

阿格尔认为，人们在劳动中的不自在、不自为、不自由的情感体验致使人们越来越依附消费行为。[②] 他指出，异化消费阻碍了人们实现自由和进行创造性劳动，他希望能够改造阻碍人们实现自由和创造性劳动的因素。发达资本主义国家高度集中的生产过程容易使人倦怠、失去自由、迷失自我，于是人们转而在消费中去放松自我，宣泄劳动中的束缚和不满，这种异化消费在一定程度上掩盖了资本主义社会的矛盾。人就其本质而言，通过改造对象世界的过程证明自己是类存在物，在这样的过程中自然界表现为人的作品，劳动是人类生活的对象。在资本主义制度下，人的类本质的追求不是通过劳动实现的，而是由物质享受替代的，本应该给人们带来成就感和享受感的劳动变成了痛苦而又疲倦的异化劳动。异化劳动夺去了人的类生活，把人和动物相比具有的优点变成了缺点。也就是说，吃喝是属于动物的本能，而人却津津有味地乐享其中，而将人的劳动这一区分动物的功能置之不理，仅仅作为一种手段。人在表现人的属性的一面时却像动物一样运作，人的功能与动物的功能颠倒。因此，在资本主义社会，人的劳动没有释放天性，不自由不自在，但人生来是自由的，自由的天性驱使人们会转移劳动中的苦闷，将注意力转移到消费领域中去，在消费中弥补自己的无助感，放飞自己的天性。而消费领域恰恰是喜欢人们这种无度的消费，只要人们肯花钱，就可

① ［美］本·阿格尔：《西方马克思主义概论》，慎之等译，中国人民大学出版社1991年版。

② ［美］本·阿格尔：《西方马克思主义概论》，慎之等译，中国人民大学出版社1991年版，第493页。

能满足各种潜在的欲望。[1]这样，随之而来的是劳动中的主体由被动转向主动，变得越来越依附于消费行为。消费成了人失去自由的一种补偿，是人的逃避痛苦与不幸的避难点儿。起初，人们以为不断增长的消费可以弥补劳动中的无助，因此人们疯狂消费宣泄内在心理情绪，从而导致人们将消费等同于幸福。正是这种过度消费掩盖了人的真实情绪，人们甚至一度也分不清到底什么是自己真实的需求，所以不由自主地走上了异化消费的道路。阿格尔说，“人们的满足可能性将集中在生产活动领域，而不是出现在消费领域中。”[2]异化消费根本无法为人们带来幸福，反而在消费中愈发感到绝望与迷茫，不但污染了生存的环境，还会沉迷于消费无法自拔乃至失去自我。

四、异化消费的克服在于建立生态社会主义

阿格尔先后用“生态健全的社会主义”“民主对话的美好社会”和“作为乌托邦的舒缓现代性”来指称生态社会主义，生态社会的本质特征是经济的稳态模式、主体间的民主对话以及消费主体的自由实践。他指出，“我们不是说仅仅靠资本主义社会少数人选择非异化的劳动或者克服异化消费，整个制度就可以趋向于生态社会主义。我们可以设想一种节约能源的社会主义。特定形式的分散化、非官僚化的社会主义将是培育新的生态意识的理想温床，这种生态意识的形成既可以解决生态需要又可以反对我们所说的异化消费现象”[3]。关于如何摆脱异化消费，对此阿格尔认为，人们的异化消费及由此所引发的资本主义的生态危机需要“期望破灭的辩证法”这一总体变革策略。阿格尔具体描述了“期待破灭的辩证法”的过程：第一，当代资本主义社会使人类可以从源源不断的商品消费中获取合法性；第二，由于人类的过度消费超越了生态的承载极限，出现了生态危机，生态危机又导致供应危机的产生；第三，人类将永无止境的消费看作是对单调乏味的异化劳动的补偿，而供应危机的出现使他们丧失了对资本主义可以无限满足人们物质要求的信心，期望破灭了，于是他们开始怀疑起曾经许下诺言和鼓吹消费的资本

① 崔文奎：《人的满足最终在于创造性的生产劳动—生态学马克思主义者本·阿格尔的一个重要思想》，《山西大学学报》，2008年第1期。

② Ben Agger, Western Marxism: An Introduction (Santa Monica: Goodyear Publishing Company Inc, 1979), p. 487.

③ ［美］本·阿格尔：《西方马克思主义概论》，慎之等译，中国人民大学出版社1991年版。

主义制度，精心思考人生而为人的意义；第四，在期望不断破灭的过程中，人知晓了自己的真实需要，推翻了自己陈腐的、虚假的需要，产生了真实的需要。①“期望破灭的辩证法”引起人们需求结构的革命，打破“更多”，取而代之“更好”，打破“更好”，取而代之“更少”。人们丧失了对资本主义无限满足的期望，即人们对资本主义源源不断的商品提供能力的期望破灭，打破了自己原有对物质商品的期待，重新评价自己的物质需求。在阿格尔看来，这种具有革命意义的“期望破灭的辩证法”可以通过“分散化、非官僚化”为特征的“稳态经济”发展模式来实现对生活方式的调整，阿格尔提倡一种简朴的生活方式，重塑简朴精神，甚至倡导实行一种新的禁欲主义。阿格尔认为“通过现代生活的分散化和非官僚化，限制工业增长的速度，保护环境免于破坏，保持完整性，更重要的是通过这一过程的调整，从性质上改变发达资本主义社会的经济、政治制度”②。所谓“稳态”主要是指工业生产从量到质的转变，将生产的规模和速度稳定下来，实现经济的零增长，在分散化的生产中创造一个人人都参与决策的机会，使每个人都能够发挥主观能动性，实现劳动和闲暇的统一。对于“非官僚化”，阿格尔指出，“我们通过调整资本主义生产结构放慢工业经济的增长速度，不是为了政治经济结构的集中，而是达到分散化、非官僚化和社会主义生产模式”③。只有在分散化和非官僚化下，人们才能够摆脱从属地位，直接参与民主管理，充分调动人的积极性和发挥人的创造性。阿格尔试图通过揭露“异化消费”来消除生态危机，认为生态危机源于人的异化消费，如今资本主义社会，已出现严重的异化消费现象，异化消费造成奢侈消费，直接导致了生态危机。异化消费脱离人的真正需要，扭曲了人的幸福观，阻碍了人的全面发展。

---

① 黄继锋：《从生态危机论到双重危机论—生态学马克思主义的资本主义危机理论评析》，《北京行政学院学报》2008年第2期。

② Dennis Forcese，“Review”，The Canadian Journal of Sociology，（1984）：365—366.

③ ［美］本·阿格尔：《西方马克思主义概论》，慎之等译，中国人民大学出版社1991年版。

第三节　阿格尔异化消费理论的贡献与局限

一、揭露异化消费的本质与夸大异化消费的社会作用

阿格尔异化消费理论为我们提供了一个很好的研究视角，开启了一个新的研究视域。阿格尔指出资本主义通过宣扬消费主义价值观，借此控制人们消费需要的方向和内容，试图淡化人们的政治意识，维系资本主义自身的合法性。阿格尔对异化消费本质的揭露，有助于人类深刻领会异化消费的本质，对于社会主义国家建设发展过程中避免走资本主义异化消费之路，吸取发达国家发展过程中的经验教训有着重要的意义。人与动物有着本质的区别，动物的消费是自发的、本能的，满足生存就足够了，而人类的消费是生产性消费，生产性消费是无极限的，欲望也是无极限的，人们常常为满足不了的欲求而痛苦。精神需求是人自由全面发展的基础，异化消费状态下人的自由是相对的，人也是空虚的，与此同时，人们并没有因为消费的增长而让幸福感递增。随着异化消费所造成的生态危机和社会危机的日益凸显，阿格尔的异化消费理论越来越具有警示作用，如果一意孤行，无论从生态环境上，还是从人的自身发展方面都会威胁到人类的生存。

阿格尔揭露异化消费导致生态危机的本质，这是他的探索性发现，具有里程碑意义上的突破，是值得肯定的。但是，阿格尔夸大了异化消费的社会作用，从消费领域这个研究视角解决生态危机无形中降低了对异化劳动的批判力度，也掩盖了资本主义的矛盾本质。阿格尔对异化消费的社会作用夸大得不切实际，把异化消费看作是社会主义革命的突破口，将资本主义社会的一切问题归因于异化消费，认为摒弃异化消费就可以解决生态危机，乃至社会危机。阿格尔认为危机发生在消费领域，生态危机已经取代了经济危机，这是对马克思主义的片面理解，应该看到资本主义是经济危机和生态危机的双重作用，经济危机仍然起作用。阿格尔认可马克思的异化劳动，认为异化劳动造成异化消费，但阿格尔没有清楚地认识到是资本主义的基本矛盾造成了生态危机，单纯调整资本主义的生产关系，不解决生产社会化与生产资料

的私人占有制之间的矛盾，不可能真正解决生态危机，阿格尔忽视了造成异化劳动的根本原因，没有对深藏在异化劳动背后的私有制的根源进行挖掘，仅仅从消费的角度进行思考和批判，无形之中降低了对产生异化劳动的资本主义的批判力度。

二、开辟生态社会主义道路与革命方式过于人道主义

阿格尔异化消费理论提出了生态社会主义是解决异化消费的出路，尽管他构建的生态社会主义社会性质上与社会主义社会不同，但阿格尔迫使人们认识到资本主义制度的缺陷，对资本主义进行全面批判，为变革资本主义制度提供了契机。阿格尔运用马克思的辩证法解决生态危机的首创精神对于我们重新思考马克思的辩证法和现实实践的关联，对于坚定中国特色社会主义生态文明道路具有启示价值。对生态危机进行全面理论定位，是阿格尔批判资本主义制度，进而提出生态社会主义代替资本主义的理论前奏。阿格尔的生态社会主义，以马克思的异化劳动理论为基础，积极利用生态危机产生的激进主义变革的动力来全面改造占统治地位的资本主义制度。阿格尔生态社会主义的构想主要有三个方面：首先，稳态经济模式是生态社会主义的主要经济特征；其次，生产的分散化和技术的非官僚化这种小规模技术是生态社会主义主要推行的技术；最后，工人的民主管理是生态社会主义社会政治的基本主张。阿格尔构想一个促进个人自主与自然协调的建立在民主技术基础之上的社会。西方社会的生态危急已经到了严重的程度，资源枯竭、自然资源稀缺及污染，特别是工业污染正在威胁着全球的生存环境。阿格尔认为改变这种日益危机的局面，需要将经济的增长模式变缓，限制消费，进一步变革生活方式，如使用可再生能源及采用分散的技术等。特别是他对异化消费的批判是在揭露资本主义社会矛盾过程中通过分析异化消费所造成的生态恶化的基础上而提出的，为实现社会主义提供新的视角。尽管他的生态社会主义的构想不现实，包含理想主义成分，因为资本家不可能放弃自身的利益而维护非集权的稳态社会主义，资本在手的权力使得工人不可能成为生产的主人，工人被剥削的地位仍然没有改变，但这给北美社会主义革命这个长期被无视的革命一个美好的“想象空间”，阿格尔的生态社会主义理想影响范围已经远远超过资本主义社会现实。

阿格尔期待建立生态社会主义，通过非暴力模式的社会主义革命解决资本主义生态危机，这是在不改变资本主义制度的情况下企图通过调整资本主义生产关系来消除异化，根除生态危机，实现人与自然、人与社会、人与人之间的和谐，但这种人道主义的革命方式具有理想主义色彩。首先，资本主义发展过程的总体特征是资本与资源的高度密集，资本主义的本性决定了资本家以追求剩余价值为第一要务，绝不会先考虑生态环境后考虑生产利润。当然，有的时候迫于压力，资本家可能会在生态环境方面做做表面文章或者转嫁其矛盾给发展中国家。如果采用人道主义而非革命的手段，资本家的本性仍然不会改变，反而对环境造成破坏，进一步加剧其反生态的本性；其次，阿格尔期待人们用一种创造性的自主劳动代替异化劳动，以提高生产的积极性，这样的状态在一个存在等级与阶层差距，人与人不平等的资本主义社会是无法实现的，用人道主义的方式在生产资料资本主义私人占有制的社会制度中解决民主和政治问题过于软弱无力，只要资本主义制度存在，资本家剥削工人，实现利润最大化的本性不会变，就势必存在异化劳动。因此，不使用革命手段改变资本主义制度，这种自主性、创造性的劳动趋于空想主义。

三、重构生产和消费理念与“稳态经济”模式的乌托邦主义

阿格尔的异化消费理论在新的历史条件下，推动了马克思异化劳动理论的发展，使马克思的异化劳动理论与对生态危机批判的趋势协调开来。他从重构马克思的危机理论入手，来建构他的生态学马克思主义理论，也奠定了阿格尔异化消费理论在其生态学马克思主义的核心地位。同时，阿格尔异化消费理论在继承马克思主义观点的基础上揭示异化生产导致异化消费，其崇尚绿色发展模式和推崇的简单朴素生活理念，对于树立正确的劳动观、消费观和幸福观有现实启示。随着改革开放的深入，琳琅满目的商品激发了人们的物质欲望，有了一定消费能力的消费主体无法抵御消费主义价值观的入侵，渐渐接受了异化的消费观，异化消费逐步显现。阿格尔认为真正的幸福是在自我实现的劳动中而不是在异化的消费中，设想人的满足不是在消费领域，而是通过创造性的、非异化的劳动实现满足感。阿格尔用马克思主义的基本方法分析资本主义社会生态危机的根源并试图解决危机，重构生产和消

费的理念，对于转变市场经济下人们的奢侈消费、盲目消费等异化消费现象，树立正确的消费理念具有现实意义。

阿格尔认为生产力的过度发展和技术开发在一定程度上破坏了生态平衡，资本主义盲目性地生产符合资本家资本扩张的本性，因此阿格尔认为解决生态危机应当实行“稳态经济”模式，就是通过减缓科技发展的步伐，遏制无限增长的速度，将生产规模稳定下来，实现经济的零增长。然而，阿格尔依靠减缓科技发展的步伐，推行“零增长”稳态经济模式而建立的生态社会主义，最终会使生态危机陷入乌托邦状态。阿格尔倡导人们运用分散化、非官僚化和社会主义等生活方式，通过限制经济增长来消除生态危机，把异化劳动仅仅归结为劳动过程的官僚化和集中化，从人的不自主性和人的非解放性等方面评价异化劳动，揭示异化劳动的危害，违背社会经济发展规律，明显属于理想主义。同时，阿格尔强调小规模生产，对人的需求进行遏制，这不符合社会发展的规律，有悖于人类本质的需求，在当今社会行不通。生态社会主义不同于社会主义，生态社会主义所谓“零增长”稳态经济模式实际上是对经济和消费的双重遏制，这种经济发展模式无论从理论上还是实践上都无法满足社会发展的整体趋势，不符合社会发展的基本需求，在不断发展的社会运行中是行不通的，一旦人为对经济增长进行遏制，将会对整个社会的发展产生非常不利的影响。阿格尔把希望寄托在一个不可把握的未来，只是一个无法实现的美好愿望而已，在实际中根本行不通，具有空想和浪漫主义色彩。

四、揭露资本主义制度缺陷与对生态危机的根源认识不彻底

阿格尔揭示了人与自然关系的矛盾，对资本主义制度做出强烈的生态批判，认为资本主义制度的这种反生态性质是资本主义制度的缺陷造成的，在阿格尔看来，当代资本主义社会已经从经济危机转到生态危机和社会危机，并且这些可以归因于最大限度追求利润的资本主义制度的本性，资本家为了维护自身的发展并且榨取最大化剩余价值必然要不断扩大再生产，阿格尔关于这一分析是有理论深度的。资本主义生产对环境造成破坏，对劳动者形成剥削，这种反生态的本性只会加剧生态危机。异化消费中人们不能正确处理需要、消费、生产和商品之间的关系，这一方面是因为广告媒介的作用使得

需求与商品的关系更加微妙复杂；另一方面，发达社会及其高度集约制的市场使得人们将消费等同于幸福，这必然导致人们愈发膨胀的消费心理和无穷无尽的消费欲求，从而使得消费成了满足自身和获取幸福的唯一手段，以此产生异化消费。资本主义社会通过异化劳动产生大量商品，为了促使商品实现利润，资本家以广告等媒介为宣传手段向公众宣扬消费主义价值观，刺激公众产生虚假的而不是真实的消费需要，这种消费的需要是被市场上琳琅满目的商品迷惑的“为了消费而消费”的虚荣心理。资本主义为了自己的利益给人们强行灌输非理性、非正义和侵略性的消费观。当社会将这种侵略性消费观强加于人后，个人就将自己的需要与社会的需要等同。因此，人们为了更好和更新的物品外观对消费如饥似渴，为了物质生活拼尽自己的一生。大量的消费刺激大量的生产，大量的生产又促进大量的消费，周而复始，甚至超越了自然界的承载能力，深化了人与自然关系的矛盾。同时，资本家通过广告宣扬消费的意义，操控人们产生歪曲的需要而非真实的需要。这种强迫非自主的需要，在此基础上所进行的消费当然实现不了自身的价值，更谈不上人的自由和全面发展，但是这种异化了的消费又是必然的，是资本主义制度下的必然，因此阿格尔对资本主义制度进行无情揭露与批判。正如阿格尔所说，“对于长期在受奴役、受压迫工作状态下的工人，我们主张把创造理性和自我指导交还给他们。”[①] 生态学马克思主义认为异化消费阻碍人自由全面地发展，最终人类会成为一个被动的消费者，沦为物品的奴隶。异化消费使人把快乐、幸福等同于消费，把消费当成满足自身的唯一源泉，当成人生的唯一乐趣，这是对人们的麻痹，对人性的束缚，更是对异化劳动的不恰当的补偿。阿格尔认为必须要改变这种异化的状态，异化消费中人们自由的天性没有得到解放，主张减少人们的消费需求，缩减资本主义盲目生产规模，不因过度生产和过度消费超越自然生态系统的承载，同时减少对广告媒介的依赖，重新思考资本主义广告鼓动消费的本质，在生产过程中追求自由的天性和人生的价值，这也是对人类本性的解放。

阿格尔对生态危机的理解、对资本主义制度的批判为解决日趋严重的生态危机提供了有利的契机。但阿格尔认为经济危机已经过时，生态危机已经

① ［美］本·阿格尔：《西方马克思主义概论》，慎之等译，中国人民大学出版社1991年版。

替代经济危机，生态危机是当代资本主义社会的主要危机，这是阿格尔理论的局限性，是阿格尔对马克思经济危机理论的片面理解。同时，阿格尔对生态社会主义的构想使人们跨越了资本主义经济制度的思考，显然是理想主义，局限性也是显而易见的。具体表现在，阿格尔忽略经济危机而凸显生态危机，运用人与自然关系的矛盾问题自觉不自觉中掩盖了资本主义的基本矛盾，在马克思那里，人类社会的基本矛盾始终是生产力和生产关系的矛盾。阿格尔认为，资本主义面临矛盾是生态危机，阿格尔自始至终没有认识到造成资本主义生态危机的主要原因是资本主义的主要矛盾，这样无形之中掩盖了资本主义的矛盾，与马克思的经济危机理论偏离。资本主义社会虽然生态危机日益凸显，但它背后有着深刻的经济原因。应当认识到当代资本主义是经济和生态的双重危机，经济危机仍然起着决定性作用，不能离开经济危机单独考虑生态危机。资本主义生态危机的本质和根源仍然是资本主义的基本矛盾，是生产的社会化与生产资料的私人占有制之间的矛盾造成了消费的异化，进而造成生态危机和人的异化。阿格尔的异化消费理论强化了人与自然的矛盾，淡化了资本主义的阶级矛盾，无形之中掩盖了资本主义生态危机的根本原因。

阿格尔作为一位美国学者，生活在当代资本主义社会，他从自身对马克思主义的理解和对资本主义生态危机的视角所提出的异化消费理论，不仅为资本主义社会克服生态危机开出了药方，也为人类在经济全球化条件下考量人与自然的关系留下了宝贵的思想财富。他的理论精华为我国生态文明建设和社会发展中汲取生态学马克思主义的理论研究成果，正确认识当前社会中出现的异化消费现象和思潮，坚定走“五位一体”中国特色社会主义道路的“四个自信”，培育和造就能够体现出生态社会建设主体精神的公民人格，从而为美丽中国建设构建长久保障机制具有重要的启示价值。

第三章　阿格尔异化消费理论深化了对生态学马克思主义的理解

20世纪70年代兴起的生态学马克思主义，其代表人物有本·阿格尔、威廉·莱斯、詹姆斯·奥康纳、贝拉米·福斯特以及安德烈·高兹等人。阿格尔是生态学马克思主义的主要代表人物，他对异化消费的批判、异化消费根源的挖掘、异化消费后果的预测以及异化消费的应对方案等方面的理论建树，一方面超越了他的同行；另一方面继承和发展了马克思主义的生态思想，奠定了阿格尔异化消费理论对于以马克思主义理论为指导思想、以美丽中国建设为目标的中国生态文明建设具有启示价值的理论前提。

第一节　阿格尔异化消费理论确立了生态学马克思主义的核心议题

"生态学马克思主义"这一概念是阿格尔首先提出并被广泛认可和关注的。生态学马克思主义的核心议题主要有四个方面：消费批判、制度批判、技术批判和生态政治哲学，这四个方面互相联系，构成了生态学马克思主义的有机整体，它们确立了阿格尔异化消费理论在生态学马克思主义的核心地位。

（一）异化消费批判

关于对消费的批判，生态学马克思主义学者马尔库塞、弗洛姆、莱斯等人都有自己的观点，阿格尔继承了生态学马克思主义学者的观点，特别是法兰克福学派马尔库塞的思想，通过对资本主义异化消费现象和本质的批判，从消费的视域开启了生态学马克思主义研究的新视域。

关于对消费的批判，1964年法兰克福学派的著名代表人物赫伯特·马尔库塞(1898—1979)在其代表作《单向度的人：发达工业社会意识形态研究》一书中明确地提出了"虚假需求"理论，认为在资本主义这个"单向度社会"，人的消费不是建立在真实需要之上，而是建立在被制造出的"虚假需要"之上。资本家在这样的社会中一味追求剩余价值最大化并制造出诱人的商品，然后资本家通过操控社会需要以鼓动人们产生虚假需要，进而产生了在满足人们物欲基础之上的异化消费，加剧生态危机。阿格尔关于消费批判的理论接受了马尔库塞的"虚假需求"理论。

法兰克福学派另一位代表人物埃里希·弗洛姆（1900—1980）认为，异化是社会病态的体现，是社会不可自愈的病症，只是在工人阶级这个群体中才如此猛烈地发展起来。他认为，"人感觉到自己是一个贫乏的'物'，必须依赖于自身以外的力量，人再也感觉不到自身能够拥有自己的理想和丰富情感及品质，他向这些力量投射出他生存的实质。"① 资本主义虽然创造了高度的物质文明，但是正处于一个人性极端异化的病态社会中，所以他主张人性解放。阿格尔关于对消费的批判接受了弗洛姆关于人性解放的思想。

最早提出异化消费概念的是生态学马克思主义学者威廉 · 莱斯(1939—)。莱斯的主要代表作是1972年出版的《自然的控制》，在这部著作中莱斯阐述了生态学马克思主义的基本观点，包括控制自然理论、虚假需求、异化消费理论及"守成社会"的设想。莱斯没有对异化消费进行具体规定，他认为异化消费的原因多样，资本主义为了实现利益最大化，它们往往通过诱惑将人牵引到消费领域中，过度开采自然夺取物质成了再正常不过的事，"人与人、人与自然之间为了满足自己的欲望而进行的斗争从局部地区向全世界范围覆盖。"② 阿格尔接受了莱斯对于异化消费的理解。

阿格尔在对生态学马克思主义学者的相关观点进行综合分析后，明晰并界定了异化消费概念的内涵，确立了异化消费理论这一生态学马克思主

① ［美］埃利希·弗洛姆:《健全的社会》，欧阳谦译，中国文联出版公司1988年版。

② 威廉·莱斯:《自然的控制》，重庆出版社2007年版。

义的核心议题。阿格尔对异化消费的批判主要从三个方面展开：其一，阿格尔沿袭了马尔库塞关于资本主义“虚假需求”的分析，“虚假需求”充斥了现代社会大多数人的内心，他们是接受了外部的灌输和操控而产生的。[①]“虚假需求”是资本主义工业生产下，资本家通过媒介等手段操控、刺激人的需求而产生的非真实性需要，并导致人们生产之余疯狂消费以获取幸福感和满足感。其二，阿格尔看到资本主义生产过程的单调乏味性，形成了“劳动—闲暇二元论”思想，认为单调的劳动无法让人得到快乐，而在闲暇时光用消费替代，人们在“缺乏自由和自我表达主动性的劳动中愈发柔弱，越来越依附消费行为”[②]，可见异化消费状态下人们将幸福与消费等同。其三，破除“劳动—闲暇二元论”，主张人们从非异化的、富有创造力的劳动中获取满足，而不是在受广告操纵的无穷无尽的消费中获取。在这里阿格尔看到了异化消费背后资本主义对社会导向的操控，在对资本主义消费进行批判时强调，只有通过重建马克思的需求理论，将异化中的人从过度消费状态中解救出来，把劳动看成是实现自身价值的方式，而不是将劳动看作是获取未来消费财富的源泉，才能利用生态危机导致一场激进的运动，最终实现生态社会主义变革。[③]

（二）异化消费根源

生态学马克思主义学者从不同的角度对资本主义制度的反生态性质进行批判，阿格尔接受了资本主义具有反生态性质的观点，从异化消费根源开始探讨，开展了对资本主义工业化大生产的批判和资本主义制度的批判。

莱斯认为资本主义出现生态危机是历史的必然趋势，是资本主义维系其统治合法性的必然结果。资本主义为实现利润不断扩大再生产，利用广告等媒介宣传消费主义的价值观诱惑人们疯狂消费，以此获取更多的利润维护自己的统治，这样的结果无疑加剧了生态危机。詹姆斯 · 奥康纳（1930—），美国生态学马克思主义的代表人物，通过分析资本主义出现经济危机后又出现的生态危机，揭示资本主义生产对自然、环境和资源的破坏。资本主义

① ［美］马尔库塞:《单向度的人》，岳长龄译，上海译文出版社1989年版。

② ［美］本·阿格尔:《西方马克思主义概论》，慎之等译，中国人民大学出版社1991年版。

③ 王雨辰:《生态马克思主义与生态文明研究》，人民出版社2015年版。

生产过程中资本家为了利益最大化，会不断扩大再生产以致生产规模不断扩大，导致对原材料需求量与日俱增，在资本主义生产整个扩张的过程中对自然资源的消耗越来越大，对自然界的污染越来越重。在奥康纳看来，资本主义制度的本性就是在不断生产扩张的过程中，实现其投资的回报率和利润。

安德烈·高兹（1923—2007），又一个生态学马克思主义的重要代表人物，是法国激进的政论家、哲学家。高兹把对资本主义的批判认定为对经济理性的批判。经济理性是用更少的时间、更少的精力和更少的成本来生产更多的产品，产生更大的利润。高兹认为经济理性的发展与资本主义的发展互为促进、相互作用，资本逻辑不断扩张的过程是资本主义经济理性扩张的结果。高兹认为资本主义异化消费是经济理性造成的，只要经济理性还在起作用，世界范围内就会存在生态环境恶化问题。消除异化消费必须坚持主张生态利益最大化，改变现有的生产模式和消费模式，消除“越多越好”的消费主义价值观，他追求生活得更好、消费更少的目标。高兹注重从资本主义生产方式的特点出发，通过分析资本的内在本性，进一步揭示资本主义制度下发生生态危机的必然。

阿格尔吸收了生态学马克思主义关于对资本主义生产方式的批判，阐述当代资本主义维系其统治合法性的变化来揭示生态危机的历史必然，揭示了资本主义制度的缺陷，对资本主义制度进行抨击，揭示了其制度的反生态性质。阿格尔指出，当代资本主义的一个显著的特征就是国家对社会生产方式和社会经济生活总体干预并且成为合法化。为了维系自身利润的最大化，当代资本主义许诺公众，可以为公众提供源源不断、琳琅满目的货品，引导公众投入消费主义浪潮中去。资本主义这种不断扩大的生产体系和供应模式既有扩张性又对生态环境造成恶劣的影响，资本主义社会化大生产表现出一种无政府的状态，资本家不是以满足人们的基本生活需要为目的，而是追求资本利益的最大化并以获取利润为目标，这就决定了资本主义生产关注短期利益而不是注重经济发展，对生态环境的相关要求更是置之不理，因此，生态恶化日益严重。资本家追求剩余价值的本性决定了资本家的生产模式必然无限扩大，而生产的无条件扩大必然要超越自然界的承载能力，生态危机出现，随之自然资源开始减少，生产规模相应也会减小，生产速度逐渐减缓，于是供应危机出现。两种危机的出现使得人们开始对资本主义给人们提供源源不断商品的承诺产生怀疑，开始重新思考生产与消费、自然资源之间的关系，重新思考人的消费方式和生活方式。“资本主义无法再向人们提供缓解其异化所需要的无穷无尽的商品，继续保持盲目扩张性生产的结果只能触发生态危机。”[①] 可以说，资本主义生产过程的结局就是加剧生态环境的污染，加速自然资源的消耗，生态危机出现的同时又会由于增加资本的成本和环境的运动进一步加剧经济危机。

（三）异化消费后果

生态学马克思主义关于技术批判议题主要包括两个方面，第一，以莱斯的《自然的控制》作为代表性著作，莱斯用“控制自然”观念的演变及其对技术的非理性的影响，进而说明和阐释资本主义制度和生产方式下技术非理性使用的历史必然。第二，以福斯特的《反对资本主义的生态学》、奥康纳《自然的理由》一书作为代表性著作，揭示了在资本主义制度下技术的非理性运用的必然性后果。福斯特认为，“能否在现有生产框架下应用可持续发展理念开发出更为高级的技术是没有实际意义的，这简直就是将整个生产体制连同非理性和浪费，甚至对剥削进行的一次‘升级’”。[②] 奥康纳认为，技术的非理性运用、制度的不正义之间存在着必然的联系，资本主义再生产必然会出现经济危机和生态危机两重矛盾。这是因为，资本主义为了获取更多的利润，必然会对工人进行超额劳动的盘剥以及进行技术上的革新。因此，这样的结果就是资本主义加大对自然资源的投资，进一步扩大对自然资源的开采，资本家获取利润的动机越强，对自然资源的耗费和对环境的污染越来越重。

阿格尔在他的《西方马克思主义概论》中指出，从资本主义生产方式上看，一般由处于社会顶端的极少数人和为维持生计的大多数工薪阶层构成，企业为了追求利润，会投入大量财富用于扩大生产规模和技术革新，而大规模生产流程必然会投入过多能源和机械化机器代替人力，这就导致自然资源迅速被消耗，环境需要承载更多的废料，结果必然会超越自然界的承载能力。资本主义追求利润的本性使得资本主义本身定会不断扩大生产，这就和

① ［美］本·阿格尔：《西方马克思主义概论》，慎之等译，中国人民大学出版社1991年版。

② ［美］福斯特：《生态危机与资本主义》，耿建新等译，上海译文出版社2006年版。

生态系统的有限性发生矛盾，导致生态环境问题。他强调，因为人们对消费的增加，资本家必然不断扩大再生产，使用新的技术获得更多收益，其后果是加重生态危机。异化消费的出现加剧了人与人关系的恶化，并直接威胁到人类生存导致社会危机；资本家操控广告不断刺激人们消费，同时人们为了逃避异化劳动的苦闷从感情上对消费产生依赖，用消费获得满足感和幸福感。“从总体上看对工人的经济和生理上的压榨、成本外化力度的加大以及由此带来的环境恶化的程度是紧密联系在一起的。”①

因此，生态学马克思主义的技术批判不是对技术的单独批判，而是将技术批判与对资本主义消费文化、生存方式以及社会制度的批判紧紧联系在一起，资本主义的技术进步在给社会带来巨大财富的同时，资本主义为了实现最大剩余价值，不断在全社会宣扬消费主义的生产方式和消费主义文化，诱惑人的需要转到消费中去，使人们沉溺在消费中无法自拔，从而加剧生态危机。

（四）异化消费应对

生态学马克思主义的理论皈依是生态政治哲学，包含生态政治战略和生态社会主义两个方面的内容。就生态政治战略而言，就是将马克思主义与工人阶级运动相结合，把根治生态危机的生态运动转向激进的工人阶级的运动。生态学马克思主义关于生态政治战略的内涵主要包括两个方面，第一，对资本主义进行深刻的生态批判，开拓了马克思主义研究的生态视域，将受资本家操控的人们从消费依赖中解救出来，形成正确的消费观和劳动幸福观；第二，生态环境保护运动应该同工人阶级结合起来，应该让工人看到环境问题的根源在于资本主义生产，是资本家为了实现巨额利润而进行不断扩大再生产，加大生产投入成本、加重对环境的剥削，威胁工人的生存权利。以生态学马克思主义理论为基础审视生态社会主义，可以看出大多数生态学马克思主义者都是希望建立一个既能满足需要，同时又对生态系统没有损害、人与自然和谐发展、高度民主的生态社会主义社会，在这样的社会里商品的交换价值从属于使用价值。

① [美]詹姆斯·奥康纳：《自然的理由—生态学马克思主义》，唐正东等译，南京大学出版社2003年版。

在此基础上阿格尔还比较详细地提出了通过“期望破灭的辩证法”逐步通向生态社会主义的具体策略。在阿格尔那里，“期望破灭的辩证法”能为朝向社会主义变革提供强大的推动力。“期望破灭的辩证法”是人们对不断增长的商品和消费形成了习惯和期待，但由于生态系统的承载能力无法满足人类日益增长的需要，促使人们进一步反思生存方式和消费方式是否合理，重新确立需要、幸福与消费之间的关系，以期解决生态危机。阿格尔设想以非集中化即分散化、非官僚化的方式去调整资本主义的生产关系和重新组织发达资本主义社会，这样可以改造其占统治地位的经济、政治和社会制度。阿格尔描绘的生态社会主义是用“分散化”“非官僚化”和“工人管理”等一系列措施来克服异化消费，这种非集中化、分散化的方式可以让工人直接参与生产过程，直接管理，与非官僚化的方式相结合有利于生态环境的保护，也可以通过调整资本主义生产关系改变发达资本主义社会的主要经济制度和政治制度。阿格尔顺着与马克思的异化劳动和克服生态危机相一致的方向去重新建构社会主义，利用生态危机产生的激进主义变革的动力去全面改造资本主义制度。其主要目的是反对国家控制。

第二节　阿格尔异化消费理论超越了生态学马克思主义同行的观点

作为西方马克思主义发展新形态的生态学马克思主义，是面对当代人类社会发展遭遇的环境问题及困境做出的哲学思考。在西方马克思主义的各个流派之中，法兰克福学派的马尔库塞最早开始关注环境问题，成为生态学马克思主义的先导。马尔库塞探索了导致异化消费的“虚假需求”，但马尔库塞对消费的批判仅仅限于对消费主义文化价值的批判，而阿格尔从对消费的批判切入到对资本主义制度的生态批判，这是其对马尔库塞的超越与发展；弗洛姆是法兰克福学派的另一个代表人物，他主要从“人性解放”方面探讨应对异化问题，在探讨异化消费扭曲人性的基础上积极设想消除异化消费的方案，弗洛姆的设想是美好的，但他终究没有找出实现的具体途径，而阿格尔提出应对异化消费的“生态社会主义”虽然有理想主义成分在内，但其设计了具体的实践路径，通过调整资本主义生产方式以期解决生态危机的构想还是超越弗洛姆的。阿格尔接受了莱斯提出的异化消费概念，在对异化消费根源的探讨上又不同于莱斯，莱斯认为通过控制技术异化进而控制异化消费，阿格尔在分析异化消费根源的时候，是在分析造成异化消费的异化生产的基础上进行挖掘，对异化消费根源的挖掘明显优于莱斯。生态学马克思主义学者关于异化的观点既有相似性又有差异，既有合理性又存在缺陷，阿格尔对异化消费理论的探讨有超越其他生态学马克思主义同行的地方，当然在其他理论方面也有自己明显的缺陷。正确梳理这些理论观点，对我们进一步了解阿格尔异化消费理论的脉络，对于正确认识生态学马克思主义都具有宝贵的经验。

（1）“消费的生态批判”超越马尔库塞“消费的文化价值批判”

在西方马克思主义的各个流派之中，以马尔库塞为代表的法兰克福学派最早开始意识到生态危机这一问题并展开深入研究，成为生态学马克思主义的先导。马尔库塞在《单向度的人》一书中，以“单向度”为理论视角，通过对各领域的批判分析，对发达工业社会的异化消费现象进行了深刻的反思，指出发达工业社会通过技术理性压制了人们内心中的否定性的、批判性的向度，使社会成了单向度社会，在这样的社会中到处充斥着大量异化现象，物质欲望支配着现代工业化文明中的人们，人成了异化的人。[①] 马尔库塞认为，在资本主义社会里，科学技术这把双刃剑在其发展带给人类巨大繁荣和灾难的同时也压抑了人性的发展。技术进步使得发达工业社会从电视广告、收音机、电台等传播媒介全方位侵入人的生活，对人进行直接控制，占据人的闲暇时间。人们为追求物质享受不惜以牺牲自由为代价去换取舒适而不自由的生活。虽然个体的物质需要大大被满足，但是这种需要已不再是人的原始需要，而是占统治地位的意识形态的消费模式强加于人体而产生的“虚假需求”，这种需求主要是因为需求本身不是来自个体内部而是外部强加于个人的，制造“虚假需求”的结果是人成了消费的机器，满足了资本家牟利的需要。[②] 资本主义社会为了实现剩余价值的最大化不断进行生产扩

① Herbert Marcuse，One-Dimensional Man.（Boston Beacon Press，1964），p.25.

② 王大为：《马尔库塞两种需要理论及其现实意义》，《前沿》2015年第12期。

张，导致自然不断萎缩，在资本家通过广告操控、商品包装刺激等方式的作用下把“虚假需求”强加于人，让人疯狂去追求高消费。马尔库塞以“单向度”为研究视角，开始着眼于发达工业社会的异化消费问题并做出深刻的揭露与反思。他认为异化消费是资本主义控制人类的新手段，因为人们在劳动中感受的是痛苦和疲倦，而在消费中格外能感受到自由和幸福，久而久之人们被消费所奴役和控制，异化消费导致人的主体性失落和社会的生态失衡。

阿格尔继承了马尔库塞的“虚假需求”观点，对资本主义操控广告等媒介制造“虚假需求”进行深刻揭示，“虚假需求”将人们在生产中无法发泄的苦闷转移到消费中，引导人们过度消费。法兰克福学派对消费文化价值观的批判，主要是基于对资本主义意识形态的批判，批判的着眼点在于资本主义如何控制人。马尔库塞在理论上和现实上对资本主义进行了激烈的批判，言语愤慨，但马尔库塞对于如何解决异化消费缺少有实践意义的革命措施和步骤，他的特点就是明显的批判主义而非重新建构。马尔库塞仅仅局限于理论上的批判，对资本主义消费主义价值观进行激烈批判，他没能在革命措施和步骤方面对解决异化提出有实践意义的方法。阿格尔吸收法兰克福学派的观点，特别是马尔库塞的观点，对资本主义的消费文化价值进行批判，指出了资本主义消费价值观对人的影响和对人的操控，是当时资本主义社会消费观的主要表现。同时，阿格尔继承并发展马尔库塞的观点，主要表现在对消费文化价值观批判的基础之上，对资本主义社会人们对资本主义生产体系的依赖也进行了批判，批判了充斥异化劳动的异化生产过程，揭示了人们在生产之中的单调乏味性，转而产生异化消费的过程，这种异化消费最终加剧生态危机，而生态危机的产生暴露了资本主义生产的反生态性质。阿格尔通过对马克思主义的重新建构，把马克思主义的异化理论与资本主义的现实危机理论有机结合，复活了马克思的辩证法，通过生态变革探寻生态社会主义变革之路，以期实现人与自然的双重解放。[①]阿格尔从消费批判切入对资本主义的生态批判，并将摒弃资本主义消费文化价值观作为实现社会变革的动力，是阿格尔消费批判的特点，也是超越马尔库塞的进步之处。

① 赵卯生，杨晓芳:《马克思主义的重建与人的解放—阿格尔建构生态学马克思主义旨趣探析》，《中国人民大学学报》2010年第5期。

（二）“生态社会主义”理想超越弗洛姆“人性解放”

弗洛姆是法兰克福学派的主要代表人物，也是得力干将之一。他与阿多诺、马尔库塞等一道对发达资本主义国家进行激烈的社会批判，与他们不同的是，弗洛姆的社会批判理论将弗洛伊德的精神分析理论结合进去，对资本主义进行猛烈攻击。弗洛姆就 20 世纪资本主义社会中“异化”的人的存在状况进行深刻剖析，字里行间记载着当今资本主义世界急剧变化的大量事实和信息，他试图探寻出克服异化，促进人自我实现的有效途径，形成了弗洛姆独特的“人性解放”论。具体表现在：异化消费使得人们脱离了真正的需要，最终会走向自我的毁灭；异化消费产生了人的异化，人们在物欲横流的社会中难以找寻自己的内心；异化消费状态下人们用无止境的消费来填补闲暇的时间；异化消费造成人幸福感降低，人们越消费越发得不到幸福。弗洛姆批判异化消费表现出强烈的消费主义倾向，消费与人的真实需要并无任何联系，资本家操控广告等媒介不断刺激人们产生虚假的需要，沦为消费的奴隶，人生的全部意义和价值似乎只能在不断地消费中去满足、去实现，异化消费中的人将消费视为最高价值追求。

弗洛姆对人性的异化进行深刻的揭示，对处在异化状态中的人以深深的同情与担忧，他不能忍受人类因为贪欲行为而毁掉自己。因此，他在揭露和批判异化消费使人们遭遇痛苦的基础上，积极探索消除异化消费的具体变革方案。弗洛姆主张“人性解放”，通过对心理变革、精神文化的变革进而消除异化消费，这是弗洛姆拯救社会的主要途径。他以深入人的内心世界，分析心理为基础，用热情、虔诚的态度呼吁人们转变重占有的贪欲，教育人们用重存在取替重占有，通过培养发展爱的理论，鼓励建立真实的需要和真正属人的欲望来抵制异化消费。弗洛姆基于分析社会现实，以人性为研究基础，为我们树立正确的消费观，构建和谐社会提供了有效的借鉴。然而，弗洛姆始终没有找出实现这一理想社会的具体途径，他认为造成人的异化，有社会经济制度的原因，更重要的是人的心理变革和道德更新。事实上，这种变革实质上掩盖了资本主义生产的社会化和生产资料私人占有制之间的矛盾，因此他对资本主义的批判必然不彻底，具有乌托邦性质。尽管弗洛姆有拯救世人的愿望，然而资本主义制度下，他的乌托邦思想终究是无法实现的。

阿格尔异化消费的思想也继承了弗洛姆的观点，但对于消除异化消费的变革方案有所不同。阿格尔主张“分散化、非官僚化”的生态社会主义理想，对资本主义的社会制度进行根本变革，力图找到解决异化消费的出口。阿格尔指出技术的变革导致生态危机，在批判大规模技术的同时，应对异化消费的解决方法可以是推行小规模技术，这种小规模技术就是“分散化”“非官僚化”的生态技术。在阿格尔那里，生态技术适应生态规律和自然规律的发展需要，又尊重了人的本性发展的需要。阿格尔指出，生态技术不仅可以有效降低人的失业率，还可以使更多的人参与到生产中来，进一步增强人的创造和创新意识。在生态技术的基础上，阿格尔提出了“稳态”经济模式来克服异化消费，通过“零增长”的工业模式和产业经济运行模式，将对环境的危害减少到最低来保障资本主义现代化的生活环境。当然，阿格尔的异化消费理论的实现途径有不切实际乌托邦的性质，有理想化成分，然而他的理论从制度途径而非人性解放途径解决增长方式问题，与弗洛姆相比是一种进步。

（三）“异化生产”超越莱斯“技术异化”

威廉·莱斯作为生态学马克思主义的著名代表人物，是马尔库塞的学生，他的思想渊源和脉络与法兰克福学派有着相似的气息，他的异化消费论继承并发展了马尔库塞和弗洛姆的相关观点。“控制自然”理论是莱斯理论的核心。莱斯以生态批判为基础初步建立了生态学马克思主义的基本体系，是生态学马克思主义的重要理论来源。莱斯在《自然的控制》一书中追根溯源，把生态危机的产生归因于“控制自然”的结果。莱斯强调，一旦人的非理性欲望爆发超过了自然界的承载力，必然要遭到自然界的报复，进一步加剧生态危机。[①] 莱斯把生态问题与马克思主义紧密结合，透过历史考察，深刻剖析导致生态危机的根源，提出三个维度来消除生态危机：意识形态批判、社会制度批判和技术理性批判。莱斯对当下生态危机的产生根源进行

① 复旦大学哲学系现代西方哲学研究室：《西方学者论1844年经济学哲学手稿》，复旦大学出版社1983年版。

批判，试图解决生态危机。莱斯强调控制人类欲望的非理性方面和破坏性方面是造成人与自然之间存在控制关系的核心问题，莱斯指出资本主义制度诱使人们出现“虚假需求”，“虚假需求”和异化消费作为对自然、人类社会、人类个体的控制，其后果也是显而易见的。莱斯进一步阐述，科学技术的创新及广泛应用使得商品生产满足异化消费需求，但是人们对科学技术的运用所带来的不确定性和风险对环境的危害是不言而喻的。在资本主义社会，为满足人们无休止的欲求导致技术被广泛非理性运用，即技术异化带来生态危机。莱斯继承发展了马尔库塞和弗洛姆的异化消费的理论，提出在对自然开采、控制和开发过程中技术的应用促进了社会物质产品的极大丰富，在满足人们受操控的需求之上对生态造成了巨大的伤害。当然，莱斯以控制自然的意识形态为切入点，意识到技术的异化对人有控制的一面，这是他的进步之处，然而，在对待无产阶级对技术自由的追求中，莱斯表现得又很消极，莱斯将技术应用等同于控制自然的意识形态，这是他的理论局限。

从莱斯的理论可以看到，莱斯在挖掘异化消费根源的时候是通过控制技术异化的手段进行阐述的，这方面有其理论价值，因为控制自然是对以往自然权力理论的超越，是人类借助于科学技术手段为追求人类解放的目标而摆脱自然的过程，这是历史的进步。但控制自然属于意识形态范畴，用技术的非理性表达去替代对资产阶级生产的思考，其结果掩盖了资本主义社会控制人的本性的实质，进一步掩盖了资本主义制度的缺陷。

阿格尔继承了莱斯有价值的观点，他在赞誉莱斯的两部著作时认为，这两部作品是一种对生态学马克思主义观点的“最清楚、最系统表述”①。但不同于莱斯的是，阿格尔在分析异化消费根源的时候，是以分析造成异化消费的异化生产为基础，对资本主义生产体系进行无情揭露，对资本主义制度进行严厉抨击。在对异化根源进行挖掘时，阿格尔对“异化生产”的批判超越莱斯对“技术异化”的批判。阿格尔指出，异化生产导致异化消费，基于“异化消费”视域下资本主义生产暴露出严重的缺陷。阿格尔强调资本主义社会，人们的消费不再是出于满足和维持自身的需要，而是一种对奢侈品向往的病态消费心理，异化消费不仅是造成生态危机的根源，而且是造成人类本性扭

① ［美］本·阿格尔：《西方马克思主义概论》，慎之等译，中国人民大学出版社1991年版。

曲的根本原因。阿格尔以异化消费视域开启对资本主义制度的生态批判，资本主义在利润的驱使下，其生产方式以及运行的逻辑决定了生产必然不断扩大，更有集中发展的势头，这种扩大的生产模式必须有与之相适应的消费主义文化价值观和相对应的生存方式，其生产结果必然与生态相悖，生态危机日益凸显。通过这些运行的逻辑可以看出资本主义制度和生产方式是与生态对立的。阿格尔对生态危机理论的重建形成系统的生态批判理论，真正进入生态学马克思主义。研究生态学马克思主义必须提到的就是阿格尔，这不仅仅是阿格尔第一个提出了“生态学马克思主义”这一词语，更重要的是他对异化消费导致生态危机有着系统科学的表述，阿格尔探讨的问题是希望通过增加人的创造性的劳动，在生产领域创造价值从而消解异化消费，消除生态危机。阿格尔对生态社会主义的构想，期待通过社会主义政治的变革增加劳动者的生产积极性和灵感，以期实现人与自然的双重解放。

综上所述，发达资本主义社会面临严重的生态危机问题，生态学马克思主义的代表人物都给予了一定的理论回应。这些回应包含两个方面的维度：一方面是主张回到或对马克思、恩格斯理论论述的重新阐述。马尔库塞、莱斯等都在自己的观点中对马克思恩格斯的理论进行了解读与阐述。另一方面是批判地吸收归纳出各种关于生态主义的新的思想或理论。这里面值得一提的是，马尔库塞、弗洛姆、莱斯、阿格尔等都共同指向了资本主义社会消费方面出现的异化。尽管每个理论都有自身明显的不足，但这些理论研究对社会现实有很强的启发价值。就异化消费理论本身而言，鉴于阿格尔对消费进行生态批判，对应对异化消费给予的具体解决路径以及在挖掘异化消费根源的时候对资本主义异化生产展开批判，对资本主义制度进行抨击，使生态学马克思主义达到一定的理论高度。

第三节 阿格尔异化消费理论坚持了马克思主义的基本立场

阿格尔关于对异化消费的批判继承了马克思的人与自然关系的基本立场，坚持了马克思主义异化理论的精髓，拓展了马克思主义异化理论的视野，对于我们正确理解生态学马克思主义、深入发展马克思主义具有理论价值。

（一）坚持了马克思人在与自然关系上的基本立场

马克思的生态思想主要是关于人与自然关系的探讨，马克思在这方面的论述为阿格尔等生态学马克思主义学者的研究铺垫了坚实的理论基础。早在19世纪，当时生态环境问题还没有凸显出来时，马克思就已经敏锐地意识到生态问题的后果和严重性，马克思在自己的博士论文中首次谈到人与自然的关系问题，认为人能够运用主观能动性改变自然，不必一味地顺应自然。马克思在其早期、中期和晚期的著作中曾指出，“人依靠自然生活，自然界是人类生存和发展的物质前提，源源不断地提供给人们与之不断交往的物质基础，人类离不开自然，离开自然人类无法生存。”[①] 由于时代的限制，马克思、恩格斯并没有重点关注生态环境问题，但马克思看到了人与自然之间的矛盾，提出了“社会是人与自然的完整统一体”思想，强调人与自然是和谐统一体，只有对自然尊重、关爱，对社会现实的积极关注，才能促进生态与社会的和谐发展，如果对自然过度开发、开采及破坏，势必破坏生态环境。马克思对人与自然关系的相关论述，改变了以往人与自然、社会对立的矛盾关系，这些论断对阿格尔的思想都具有启发性，为生态学马克思主义解决生态问题提供了理论参考。正像弗罗洛夫指出，“无论现在的生态环境与马克思当时所处的情况多么不同，马克思对这个问题的理解、他的方法以及他解决社会和自然相互作用问题的观点，在今天仍然是非常现实而有效。”[②]

① 马克思，恩格斯：《马克思恩格斯全集》，人民出版社1995年版。

② ［苏］H.T.弗罗洛夫：《人的前景》，王思斌译，中国科学出版社1989年版。

阿格尔非常注重把人类与自然的关系作为一个有机整体来考量，这为阿格尔的理论提供了重要的支撑。阿格尔认为，人与自然的关系要求人在改造自然的过程中做到人与自然和谐共生，人是自然的存在物，同时又高于自然，外在于自然，人不能像动物那样，将自己的活动局限在一定的范围之内，人是社会的产物，具有社会属性。阿格尔批判异化消费造成人与自然关系的紧张，批判了资本主义的异化生产，并最终导致生态危机的后果。阿格尔异化消费的来源是马克思的异化劳动理论和马克思关于人与自然的理论论断。阿格尔将人与自然的关系作为研究起点，他以自然科学和其他新兴学科的最新成果为基础，通过探讨马克思人与自然的关系问题，反思马克思的危机理论，通过开启生态视域重建了马克思主义的成果，重构了历史唯物主义理论，将生态学与马克思主义有机结合，阐发了历史唯物主义理论的生态意蕴，坚持了历史唯物主义的理论空间拓展，彰显了历史唯物主义的时代性，凸显了历史唯物主义的现实性，进一步丰富了生态学马克思主义，促进了生态学马克思主义的发展。阿格尔等生态学马克思主义学者不是拘泥于抽象的价值观来揭示生态危机的根源，他强调的是资本主义制度的矛盾造成的人与自然的异化、消费的异化和科学技术的异化等等，他在本质上是对资本主义社会总体的批判，这与马克思主义的现代性理论和现代性批判从本质上是一脉相承的。因此他的理论应该归属于马克思主义理论的范畴。虽然阿格尔没有认识到造成人与自然矛盾关系的根本原因在于资本主义的基本矛盾，只有超越资本主义到社会主义和共产主义中寻找，才可能真正解决这种矛盾关系。然而，阿格尔剖析资本主义生产关系对自然的危害，积极探讨造成人与自然矛盾关系的原因，寻求消除生态危机的解决办法以及对全世界生态危机做出预警，并希冀构建人与自然的和谐关系，这些理论建树是有进步意义的。①

（二）把握了马克思主义异化理论的精髓

马克思在其专著《1844年经济学哲学手稿》中首次提出了“异化劳动”的观点，此后马克思一生都在使用“异化”这个概念。马克思的异化内容涵盖了劳动的异化、人的本质的异化、人与人之间的异化、劳动产品的异化等

① 罗骞：《论马克思的现代性批判及其当代意义》，上海人民出版社2007年版。

问题。

马克思在分析资本主义社会现实的基础上，对劳动者本身和劳动的异化进行的深刻揭示形成了马克思关于异化劳动的观点。马克思关于对劳动的异化的批判，主要是针对资本主义社会的生产领域，虽然马克思没有对异化消费进行专项研究，但马克思的“异化劳动”这个概念对阿格尔进行“异化消费”的研究产生了深远的影响。

关于劳动的异化，阿格尔吸收了马克思的异化劳动理论，对资本主义生产领域的异化问题进行了批判。阿格尔认为异化消费的来源在于异化生产，异化生产的过程就是异化劳动形成的过程。资本主义为了实现高额利润，不断扩大资本主义生产规模，不断增加生产产量，而扩大生产规模又必须是建立在大量掠夺资源环境的基础上，环境成了无端的牺牲品。资本主义生产的唯一目的就是不断扩大再生产、追求最大化剩余价值，实现价值增值，生态问题不在资本家关注的范畴内，因此，资本主义生产加剧了生态危机。

关于消费的异化，阿格尔吸收了马克思关于劳动的异化和劳动产品的异化观点，并且丰富了马克思的异化理论的内涵，认为资本主义生产过程是单调乏味的劳动过程，工人为了缓解这种苦闷而致力于在劳动之外通过消费的方式去获取满足，人们通过对闲暇时间进行消费来实现自己的满足，以此获取幸福，其中的过程便是人们转移了生产过程中的苦闷情绪，通过消费得以宣泄并且将消费等同于幸福，由此产生异化消费。

关于人的本质的异化，阿格尔将马克思的异化思想与人的本质紧密结合，探讨人的命运发展。马克思对人的本质的研究是基于工人在生产过程中苦闷、畸形的情感体验，在人的本质和自由不协调、不统一的表现形式的基础上将人的异化与社会结构和经济结构的异化联系在一起。阿格尔接受了马克思关于人的本质的异化和人与人之间异化的观点，强调在异化消费中，人是不自由的异化状态，阻碍了人自由全面地发展。阿格尔揭示了资本家为了确保利润的稳定，通过操控广告等媒介大肆宣扬消费主义价值观，让消费等同于幸福的理念植入人的内心，这样的内外双向作用的结果使得人们开始过度消费，依附于消费，整个社会资本家与工人之间、工人与工人之间是冷漠的，这就是异化消费的过程，也是人的异化和人与人之间异化的过程。当然，阿格尔坚持了马克思关于异化的相关论述，但阿格尔也就仅仅止步于此，没有继续深入挖掘造成异化劳动的根本原因，阿格尔只是意识到资本主义制度本身的缺陷，并没有看到资本主义社会的主要矛盾是造成生态问题的根源，所以他企图通过调整生产关系的方式去改变生态问题的方式最终只是空想主义，这也是阿格尔在对马克思主义异化理论精髓接受的同时，对马克思主义理解不彻底的地方。在阿格尔所处的物质充裕的发达工业社会，异化现象与马克思所处时代的异化必然有所不同，异化已经渗透到资本主义生活的方方面面，阿格尔等生态学马克思主义学者通过揭示劳动的异化、消费的异化、人的异化、技术的异化等论断，坚持了马克思主义异化理论的精髓。

（三）拓展了马克思主义异化理论的视野

阿格尔继承了马克思关于“商品拜物教”中关于人被“物化”的思想，也继承了马克思关于“异化劳动”和“人与自然”关系的理论，在新的历史条件下，推动了马克思异化理论的发展，使得马克思的异化理论与对生态危机的批判协调起来。[①] 阿格尔认为由于受时代的限制，马克思并没有看到消费的异化造成生态危机。在富裕的发达资本主义社会，异化现象已经与马克思所处时代的异化有很大差异，马克思对异化的分析和披露主要是针对劳动领域，而异化已经显现在方方面面，不仅仅局限在劳动领域，而是渗入到生活的各个细节之中。阿格尔对异化领域的分析包括对异化消费内涵的界定，异化消费本质的研究，异化消费后果的预警以及应对异化消费的对策等方面的研究成果，进一步拓宽了马克思主义关于异化的研究视野，发展和深化了马克思主义理论。

第二次世界大战以后，随着科学技术的进步，社会提供大量消费品的能力要强于战争期间，加上享乐主义风气的盛行，西方迅速进入消费主义社会。阿格尔异化消费理论正是基于这样的现实进行思考而形成的，并具体分析了异化消费在当代资本主义社会所具有的政治和经济功能。阿格尔强调，资本家通过广告等方式促使人们过度消费，在不断地消费过程中消费需求得到了满足，但无产阶级的斗志和革命意志力随之缺乏，异化消费阻碍人的自由全面的发展。由此，阿格尔推断危机从生产领域到消费领域转向。在阿格

① [美]本·阿格尔:《西方马克思主义概论》，慎之等译，中国人民大学出版社1991年版。

尔看来，时代条件已经发生变化，当前社会亟待解决的问题就是异化消费所导致的生态危机，认为资本主义经济危机已经过时，危机从生产领域已经转向消费领域。阿格尔强调由于时代的局限，马克思并没有充分认识到生态危机的重要性，他对马克思主义的观点进行了继承与发展，打破了消费的经济视域，开拓了消费的政治视角，丰富了马克思主义异化理论的视野，进一步发展了马克思主义生态观。阿格尔以马克思主义辩证法为指导，看到了马克思主义理论的伟大之处，同时也认识到马克思的时代局限性。

阿格尔作为20世纪六七十年代著名生态学马克思主义者和著名理论家，和其他激进的知识分子一道在北美马克思主义思潮中逐步成长起来并且为重新阐释和重新建构马克思主义而努力，使其进一步适应当代马克思主义现实的需要。今天，全球化的发展趋势，生态危机不仅仅是资本主义国家所面临的难题，也是全世界国家正在面临的挑战。生态危机的根源是什么，为什么生态危机发展速度之快、危害之重，这都是我们应该思考的现实课题。阿格尔在继承马克思主义理论的基础上，又积极创新思路，突破了马克思主义的时代局限，继承和发展了马尔库塞在内的法兰克福学派、莱斯等人关于对生态危机和消费领域的理论观点，敏锐地指出消费领域存在的异化现象，形成了系统的阿格尔异化消费理论。但是必须指出，阿格尔的生态危机取代经济危机的理论我们是坚决批判的，发达工业资本主义社会出现的生态危机非常严峻，阿格尔异化消费导致生态危机的论断给异化状态下的人们以深刻的警示，这种理论建树是历史的进步。生态危机的危害似乎在表面上已经超越了经济危机，但我们必须认识到，马克思的经济危机理论并没有过时，经济危机并没有消失，阿格尔用生态危机代替经济危机的理解是片面的。人与自然的关系确实日益凸显，但是这种冲突不是资本主义矛盾的根源，是资本主义矛盾的表象。忽视经济危机问题会导致对资本主义基本矛盾理解的偏颇，这已经被2008年世界金融危机所证实。尽管阿格尔的异化消费理论具有一定阶级和历史的局限性，然而其在生态学马克思主义的核心地位，得到了全世界的广泛关注，对于发展中国家避免走发达资本主义国家异化消费之路做出了前瞻性预警。

第四章　阿格尔异化消费理论对美丽中国建设的启示

第一节　阿格尔异化消费理论提升了对中国异化消费问题的理解

伴随我国改革开放的进一步扩大、深入以及社会财富的不断积累，我国消费增长迅速，人们的衣食住行从四十多年前的紧缺匮乏、刚需消费，发展到现在商品极大丰富。同时，人们的消费观念和消费行为也随之发生了巨大改变，出现了一系列新的特点：消费从重节俭转向重发展再向重品质转向。社会主义国家，就其本质意义上看，与异化劳动现象和异化消费问题是不相容的，但异化消费现象在中国大有后来居上的趋势。我国不同程度地滋生出炫耀消费、盲目消费、奢侈消费、攀比消费等消费的异化现象，这些与美丽中国建设的目标是背道而驰的。阿格尔异化消费理论的积极意义在于，有助于我们重视异化消费现象，省察异化消费的原因，把握异化消费的特点及其一般规律，引导社会大众正确认识各种异化消费问题，减少和杜绝异化消费的危害。

一、重视异化消费现象

我国社会在深化改革、扩大开放的过程中，出现了奢侈消费、炫耀消费等异化消费的思想意识、社会现象和消费行为。异化消费不是资本主义独有的现象，在我国社会主义初级阶段，伴随着商品经济的发展，它也在一天天扩散，国内的异化消费有自己明显的表现、特点及后果，深入认识其本质对于克服异化消费问题有着推动作用。

1. 国内异化消费的现实表现

异化消费问题较早出现在发达资本主义国家，阿格尔等生态学马克思主义学者以敏锐的洞察力对其进行了生态批判。改革开放后，一方面由于消费主义观念的渗透，部分国人对其接受并效仿；另一方面受市场经济环境下消费的竞争导向影响，我国不同程度地滋生出炫耀消费、奢侈消费、盲目消费、攀比消费、超前消费等异化消费问题。

（1）炫耀消费。这部分消费者愿意购买超出实际需要的物品，通过铺张浪费和奢侈性消费行为向他人炫耀以展示自己的财力和身份地位，由此产生由内而外的荣誉感和自豪感。他们往往因为生活富裕就开始炫富，通过消费行为体现自身的价值，甚至一部分人为了“面子”购买超过消费能力的物品或非生活必需品。有些青年人更是为了面子选择高额负债来购买奢侈性商品。使用价值对于这部分消费主体而言不是他们首要考虑的因素，他们不是从实际需求出发去消费，他们期待的是通过购买商品给自己带来财富、身份、地位和面子，满足随之而来的那份荣耀感。炫耀消费扭曲人的价值观，导致资源浪费，同时因为炫耀消费产生的铺张浪费导致大量购买的奢侈品转化为废弃物，这种行为直接导致社会财富的效用没有得到很好的体现，并且致使社会生产导向不合理，影响社会共同富裕目标的实现。

（2）奢侈消费。奢侈消费是奢侈浮华的消费行为，起初多在富裕的上层社会群体中产生，现已向普通大众群体蔓延，这部分人通过购买奢侈性商品不断将奢侈品转化为“必需品”以彰显自己的身份地位赢得社会认可。《2018 中国奢侈品报告》数据显示，从“双十一”到“黑色星期五”，再到圣诞节，中国人都在进行节日狂欢，“购物血拼”足迹已经遍布 68 个国家。中国人全球奢侈品消费额达到 1457 亿美元，占全球奢侈品市场的 42%，是全球最大的买家。[①]《2019 中国奢侈品报告》显示，在中国经济增长放缓的状态下，奢侈品市场继续呈现出蒸蒸日上的发展势头，甚至出现了“得中国

① 《2018中国奢侈品报告》，http://finance.sina.com.cn/roll/2019—01—18/doc—ihqfskcn8108906.shtml，最后检索时间：2020年4月1日。

者得奢侈品天下”的结论。从近三年中国的奢侈品消费走势来看，世界性奢侈品消费低迷，但中国仍是全球奢侈品消费的主要买家，总体来看，全球奢侈品市场一半的增幅贡献属于中国。该报告更大胆预计，到 2025 年全球奢侈品消费总额有望增至 1.2 万亿元，中国对全球奢侈品增幅贡献将超过百分之六十。① 事实上，现阶段中国奢侈品的销售量和营业额不可能超越美国，但中国已经成为奢侈品消费的天堂。总之，在全球经济衰退的大背景下，中国人却在扮演着行业“救世主”的角色。中国的奢侈品大都停留在名牌挎包、时装、手表、化妆品，以及奶粉、手机等，这些商品备受中国人的宠爱，中国人不仅留下了旅行的痕迹，还留下了更多的购物小票。中国正以超乎经济学家想象的速度向奢侈品第一消费大国迈进，越来越多的奢侈品集团将中国人作为市场规划的主要目标。

（3）盲目消费。盲目消费作为又一种非理性的消费表现，大多是在攀比消费和炫耀消费的心理作用下实施的一种冲动、盲目的非理性消费行为。在大学生、暴发户或家庭主妇群体中较为常见。这类消费者大多存在盲从心理，不仔细了解商品品牌的属性，功能定位等，仅仅以价格、品牌作为参照的依据发生消费行为。奢侈品市场诱惑力强，是因为奢侈品本身所彰显的是个性、品位、社会地位、风格及社会认同，是特定人群的心理倾向，而非真实社会本身，但这种特殊的心理倾向正被大多数人接受和追求，在渐进渐入的过程中导致了社会生活本质的异化。在开通花呗的年轻群体中，仍然有一些拆了东墙补西墙，还不起便分期，分期不行就套现的年轻人，他们盲目消费最后将自己深陷进消费贷款甚至消费陷阱中。一旦消费透支，逾期支付，将会被催债公司连连催缴，甚至打电话给亲人、朋友，让深陷其中的人感到耻辱和恐惧。如今高校陷入校园贷泥潭的大学生也是比比皆是，经调查他们的借款无非是花在电子产品、恋爱开销及衣服鞋子上，学习上消费几乎很小，这几千块钱不多不少的额度，让大学生从一支口红到一部手机开始欲壑难填，一步步走向欠债、还款再欠债的泥潭。

（4）攀比消费。攀比消费也是异化消费的一种表现形式，这部分人的消费是以互相攀比为基础而进行的脱离实际收入的消费行为。一般而言，

① 《2019中国奢侈品报告》，http: //www.199it.com/archives/868486.html?weixin_user_id=18o6ETQjkprRiJfbvzIX84CXpgH3Ik，最后检索时间：2020年4月1日。

是经济收入水平决定个人消费程度。然而，这部分消费者受社会高消费的“示范”影响，加之本人受“面子消费”心理的影响，在与他人的消费行为竞相攀比中导致进入消费误区。攀比消费在当今中国成为一种普遍的现象，在家长群体体现得尤为明显。受应试教育、社会压力等多因素影响，现在的家长互相之间攀比，跟风参加各种课外培训，动辄一个暑假的教育费用都是以万打底，表面上是不使孩子输在起跑线上，实则是攀比心理在内部起关键因素，这样无形给孩子增加了很多压力。诚然，适当的压力对孩子起到促进作用，然而家长的攀比心作怪，孩子达不到家长的要求，家长只知道责备呵斥、批评，这样的行为与教育的初衷背道而驰。

（5）超前消费。

超前消费是当前的收入水平不足以购买目前所需的产品或者相关服务，以提前预支的方式将今后的收入提前到当下进行消费，以满足自身需求。超前消费在青年群体中广为流行，这种消费方式是消费者对自身消费能力自信的体现，也是对消费欲望的释放，虽然在一定程度上缓解了自身的压力，但是超前消费的本质是一种及时行乐的消费观，长期不加以正确引导，不利于社会风气的良性运转。

2. 国内异化消费的主要特点

改革开放以后，受消费主义影响我国部分民众对消费文化形成集体性无意识反应，不同程度扩大消费欲望，消费被当成人生的终极目的和价值，消费的实际意义大于其象征意义。[①] 中国的炫耀消费、奢侈消费等异化消费现象不同程度地出现，其表现形式并非截然分开，而是相互交织在一起，比如炫耀消费的背后，有其盲目性、冲动型的心理诱因，奢侈消费有的时候也是为了向外界炫耀，炫耀心理在起作用。纵观异化消费的表现形式，具体梳理其内容可见以下四个特点。

（1）满足虚荣心理。国内各种异化消费的表现，总结起来大多是消费者的虚荣心理在作怪。受虚荣心理蛊惑的消费其实就是虚假消费，也就是说这种消费不是看重商品的使用价值，他们首要考虑的是所谓的“面子”，中

① 白洁：《国内关于消费主义思潮的研究综述》，《思想政治教育研究》2016年第12期。

国人无论何种社会地位，都普遍“爱面子”，认为购买贵重商品，可以提升自己的身份和地位。从认定物质性意义的消费转而向炫耀性消费发展，消费对象体现消费者等次，人们不顾一切追求商品的品质、档次以及品位，用消费品来满足自身的虚荣心，体现自己的品位。其实，中国一部分奢侈品消费者在“透支”消费，他们并不属于富有阶层，多属于月薪数千元的白领阶层，他们在尚未完全满足基本生活需求（衣食住行）的时候，纯粹是虚荣心理作祟，维护“面子”成为驱动消费的最主要因素。

（2）背离真实需要。纵观国内几种异化消费的表现，可以看出诸多消费行为的产生，是背离人真实需要的，马尔库塞将之称为虚假需要。虚假需要导致消费者奢侈消费、炫耀消费等消费理念和消费行为大量涌现，开始向社会“全面攻击”。诚然，改革开放以来，中国人的消费水平在大幅度提高，然而国人在高消费面前的心理往往表现的是一种虚假需要，背离了人的真实需要。背离真实需要的异化消费方式不能成为消费领域的主流，因为这种背离真实需要的消费方式远远超过了现阶段我国的整体经济实力和人均收入水平，同时消费也失去了自身的实际意义。

（3）看重符号价值。不管是炫耀消费、奢侈消费，还是攀比消费、盲目消费、超前消费等异化的消费方式，它们看重的都不是商品本身的价值，也就是说在消费过程中消费者对物品的意义性诉求远远大于物品的使用价值或物质性价值的诉求。消费者看重物品的象征意义和符号表达过程中商品本身所传达的信息，通过这些符号向他人展示自身的实力和地位。追求名牌本身就是追求商品的符号价值的过程，在追求名牌的过程中，实际上每个人都希望通过消费展示自己高人一等的局面，名牌已经作为一种文化进入消费者的内心，成为富裕阶层乃至大众追求的精神信仰，名牌通过商品符号传递的与身份和社会地位认同的对等关系刺激消费者的欲求，成为他们的精神支撑，而追求名牌行为的背后，是希望通过一系列消费的“符号”表达让别人识别自己的身份。

（4）消费日益在日常生活中取得主导地位。消费日益在日常生活中扮演着重要的角色，个人消费在社会中的比重超过任何一个时代，体现在消费对经济、生态、政治等多方面都有影响，甚至取得主导地位。因此，消费的社会作用非常明显。中国人目前在衣食住行等多方面都呈现出奢侈消费、盲目消费等特征，并且这种风气愈演愈烈，这类消费群体现在已经不再局限于富有阶层，而是向社会大众，甚至向学生群体蔓延。消费作为一种普遍的甚至是一种美德，被看作人生的幸福，当成一生的追求，人们甚至认为消费越多越开心，这样的社会风气对中国人的消费行为产生很大的影响，加重了大量资源的消耗，大量废弃物的堆砌，生态环境受到破坏。

3. 国内异化消费的已有后果

中国在追求经济发展的同时，对自然环境造成了一定的损害。如果中国人按照现有的生产和消费模式，完全无视生态环境的约束，那么环境污染日益严重，自然界的报复将会不期而至；受异化消费思潮的影响，中国人在日常生活中发生了各种异化消费现象，当各种异化消费现象和异化消费思潮充斥着整个社会，社会将会变得冰冷而无温暖，势必引发社会畸变；消费充斥的社会因为人们过度依赖物质而成为“异化”的人，由此造成人的精神空虚。异化消费所引发的后果具体为以下三个方面：

（1）异化消费造成了环境污染。

改革开放以后，我国的经济社会发展迅速，国际竞争力和综合国力跃居世界前位，人民的物质生活水平持续改善。然而，中国经济高速运行的同时，环境污染也日益严重。首先，淡水资源质量和数量持续降低。随着工业化进程，淡水资源污染严重导致淡水质量持续下降。化工厂在长江沿岸和重要饮用水水源地附近排放有毒化学品就是工厂追求经济效益过程中无视生态环境的典型例证。同时，随着物质生活的改善，人类对淡水需求不断增加导致淡水循环利用成本随之增加，解决水资源紧缺问题的技术归根结底也是在用其他物质与能源来换取水资源，对能源无形之中也造成巨大压力。其次，资源枯竭日益严重，生态破坏现象屡禁不止。尽管地球上的物质资源丰富，但资源并不是取之不尽、用之不竭的，如果人类无视自然资源的恢复周期，一味以消费为主导，其结果必然是产生大量物品和资源消耗。秦岭北麓出现的大批违规别墅就是对生态环境人为破坏的实例，习近平总书记对秦岭违建别墅破坏生态环境问题非常重视，先后六次作出重要批示，要求秦岭违建别墅拆除。可见，虽然国家一再强调生态保护的重要性，但还是有很多人试图将国家资源据为己有，这样的结果严重破坏了自然生态环境和生态资源。再次，能源矿产资源匮乏危机加剧。随着城市化进程的加速和物质生活水平的提高，能源矿产资源的消耗也在快速增加。目前，过度放牧、开垦农田导致土地荒漠化；乱砍滥伐森林导致土地沙漠化；排放有害气体导致全球气候变暖；疯狂捕杀动物导致动物数量锐减等，环境污染、生态失衡等问题已经成为困扰中国经济社会发展的难题。尽管我国在生态治理上做了很多努力，但离小康社会的绿水青山还有一定的差距。①

（2）异化消费带来了社会畸变。

消费主体通过奢侈消费等异化消费的方式满足了自身的物质需求，超越了人的基本需求，在一定程度上造成了贫富差距拉大，人与人之间、人与社会之间的矛盾日益凸显，导致一系列社会畸变。首先，异化消费造成社会不和谐现象。一部分人过分追求物质消费，为满足自己的欲望以牺牲他人的合理需要为代价，片面追求个人利益，集体利益淡薄；过分追求个人价值，社会价值淡漠，其结果不但造成人与自然关系上的紧张，也对社会风气造成不好的影响，拜金主义、享乐主义、炫富意识不断增长，人与人之间攀比、炫富等现象比比皆是，人际关系紧张、人与人之间冷漠，激化了社会矛盾，导致贫富差距矛盾凸显，社会中的不和谐现象频频出现。其次，异化消费导致人的不自由。对于个体而言，在闲暇的时光人们用无止境的消费代替健康积极向上的精神生活，这样极易扭曲个体的道德人格，将人始终受制于物的奴役之下，失去对自我的主宰，失去人与人交往的机会。当亲情、友情、爱情以物质关系来衡量时，人的价值观就会严重扭曲导致人的不自由，随之人的本质便会发生异化。近几年，“校园贷”以其放贷的低门槛，吸引了很多大学生，他们没有太强的防范意识，大部分学生是为了购买奢侈品以及超过自身消费能力的商品而深陷高额负债的圈套中，因还不起累加的债务而被不法分子追债以致到处躲藏，给自己和学校带来了很多隐患。最后，异化消费导致社会不平等现象增多。异化消费中人们只讲奢侈消费、炫耀消费、盲目消费等，而不问这种消费是不是人本身真正需要的消费。把物质生活的满足作为人生的唯一目标，人的欲望是无止境的，当人的欲望远远超过人的能力范围时，人的欲望无法实现，就会产生空虚感和无助感。当这部分人有这样的

① 倪传洲：《人类命运共同体视域下的污染环境罪规制模式反思》，《昆明理工大学学报》（社会科学版）2020年第2期。

落差之后，就会增加仇富心理，产生极度不公平感，进一步激化贫富差距矛盾，增加社会不平等现象，破坏社会稳定。

（3）异化消费造成了精神空虚。

精神空虚是人文精神匮乏的主要表现，这部分人在物欲横流的物质社会中随波逐流，他们幻想着通过高消费满足自己的欲望，实现自己的幸福，在达到更高水平的消费后，面对比自己消费更高的人又产生不满足感，再一次感受到的不是幸福而是不幸。他们的业余生活单调，或盲目追星，或沉迷游戏，在拜金主义、腐化堕落的泥潭里无法自拔。具体表现在：首先，精神文化贫瘠，拜金主义盛行。这部分人精神文化贫瘠，羡慕物质性生活，拜金主义现象严重，他们在业余生活中利用各种途径搜索明星新闻，对明星盲目崇拜，羡慕他们奢靡的生活，甚至追星到了狂热的程度，明星失格夺人眼球，英雄付出却无人问津。这部分人对于明星的一举一动都十分敏感，而对做出科研成就的科学家从不关注，严重影响社会价值观的导向，暴露出贫瘠的精神文化素养。其次，精神生活单调，用低俗的方式打发时间。还有一部分人休闲时光全部在打游戏、玩手机中消遣，整天在游戏、手机中不亦乐乎、虚度光阴，甚至为打游戏倾其所有。“把精神满足寄托在占有和消费物质财富上，建立在低俗的精神生活中，消费主义对人的危害也是显而易见的，它将人生价值的实现降低为对物质欲望的满足，把人生丰富的生活体验归结为单一的物质性，从而直接将人的自然属性提升到人生的主流，缩小了人与动物的差别，颠倒了人生的目的与手段之间的关系。”① 还有一部分人，靠花钱买快乐。这部分人不停地消费，通过消费带给自己快感。为了“时尚”不断更新电子产品；为了“美丽”衣服淘汰一批又一批；为了“快乐”不断购买各种物质商品。他们在拜金主义、享乐主义中一天天腐化堕落，然而在消费过后他们往往并没有幸福的体验，普遍感到无聊与空虚，浮华与奢靡，在无意义的虚度时光中掩盖了深刻的精神文化危机。因此，异化消费导致人的价值观歪曲、幸福观扭曲，人与人交往淡漠，情感宣泄异化等，在这种状态中很难充分发挥人的创造性和主动性，实现人的全面发展。

① 高文武，关胜侠：《消费主义与消费生态化》，武汉大学出版社2011年版。

二、省察异化消费的原因

社会主义就其本质而言，是与异化劳动、异化消费现象不相容的，但受消费主义价值观的影响，异化消费在中国开始盛行并有后来居上的发展态势。改革开放四十多年，我国经济高速增长，吸引了全世界的目光。但不可否认，人们在享受物质充裕的过程中也逐渐出现了消费的异化现象，人们被物质消费迷住了双眼。深究其根源，经济市场化、信息网络化、价值多元化以及生活方式多样化这些因素是异化消费产生的原因。

1. 经济市场化为根本原因

市场经济遵照效率与利润并存原则，不是为人的基本“需要”而满足，而是为了获取更大的物质财富去满足人们的“欲求”。作为企业的经营者为了获得更多利润，必须想办法制造出消费需要，并且不断扩大生产制造出新的需要，创造出商品更多的使用价值，这样的结果是生产规模扩大，消费步伐也随之加大，消费又带动生产的步伐，同时又加快交换和消费的步伐。在经济市场化的这种生产运行逻辑下，当市场中生产出超过社会总体需要的商品时，经济的增长已经无法依赖于扩大生产来完成，就需要消费来带动，通过消费者购买商品维系市场经济的持续运行。由此，刺激消费的政策接踵而来，一方面，企业通过营销设计的消费方式唤起消费者消费的冲动。企业不断从商品的外观设计、包装、广告等方面做功课，希望以这样的方式在市场追逐过程中增加销售量，这种外包装的花样本身就是一种浪费，消费者追逐的过程本身也体现了消费的异化。商品的过度包装、一次性消费等在一定程度上对地球的生态环境形成污染。另一方面，企业从商品使用价值衍生出商品的符号价值、象征价值等方面做文章，通过分期付款、赊购等销售方式允许消费者超前消费，甚至一度宣扬“花明天的钱圆今天的梦”。

经济市场化造成异化消费的原因在于，消费作为一种经济活动，原本是满足人的基本生存需要的手段，是人有意识、有目的的行为，其目的是让人们更加体面而有尊严地生活，现在却转变成了满足人们欲求的来源。在市场经济的作用下，市场必须满足人们的欲求而不是满足人的基本需求，这样才能实现利润。需要是人和动物的基本属性，居民的消费需要已经从吃饱、穿暖开始转向注重消费的质量，提高生活舒适和享受的程度，这些是公民基本和正当的权益。但问题是，人的欲求永无止境，欲求一旦产生，人们便会通过消费来满足，欲求再次产生，人们再次消费，恶性循环，始终无法最终满足，这样的结果必然造成异化消费及社会的严重浪费。当社会经济运行是以满足人的欲求为目的，与人的基本需要和商品的使用价值完全背离时，生产和消费就没有任何限制而根据人的挥霍不断调整方向，自然物质的浪费比比皆是，导致整个社会的生产和消费规模一再扩大、高速运转。

2. 信息网络化为诱发原因

当今时代是信息化的时代，网络普及率很高，网络化已经渗透到生活的方方面面。互联网可以将人们从四面八方会聚在一起，改变了人们传统的面对面交往方式，呈现出一种全新的态势，扩大了人们的对外交往面，给人们带来快捷、便利的生活。信息网络化以网络虚拟平台作为信息的实践平台，成为人们信息往来的主要阵地。网络虚拟平台的信息交往来源于现实生活，但有时为了服务官方又要超越现实。

信息网络化在为人们带来便捷生活的同时，其负面影响也辐射到了消费领域，对异化消费的产生起到推波助澜的作用。

首先，信息网络化已经普及，几乎渗透到了每一个家庭中，人们通过网络消费突破了现实消费模式的时间和空间限制因素，既不受时间的限制，不用考虑商家闭店的时间，也不受空间的约束，可以随时随地进行消费，通过互联网随心所欲、选择商品。同时，消费的付款模式便捷，而且大多数商品都可以七天无理由任意退换，为消费免除一切障碍，比起传统的消费更为便利。这种消费方式受到人们的喜爱，有力地促进了人们的消费行为，在不知不觉中增加了消费频率。

其次，网络作为虚拟环境下的宣传媒体，网络信息的夸大性宣传这种非现实体验往往容易诱导消费者。虚拟平台眼花缭乱的信息，吸引了人们广为关注，特别是年轻一代，他们每天沉迷网络，在虚拟世界中享受快乐的过程而在实际生活中缺少斗志，甚至机械化和程序化。正如波德里亚所指出的："传媒中的物品是打上了权力话语烙印的。媒体让我们见识的世界是以牺牲现实世界的丰富性为代价的，呈现在我们面前的是媒体希望我们看到和让我们看到的东西。”① 商家有效运用国家鼓励“消费促进生产”的政策，利用传播媒介在市场经济利益的驱使下，传播功能发生异化，往往更多的是帮助企业销售产品，消费者受到诱导后容易产生一种非理性的消费行为。

最后，网络负面信息对价值观有误导现象，向人们灌输消费文化的价值观念，通过网络广告等刺激消费者心理，提升消费者购买欲望以制造消费者新的需求。永无止境的商品宣传向人们不断输送消费的生活理念和生活方式，潜移默化地影响人类的消费导向，甚至有些反动宣传和色情等网络信息在一定程度上也麻痹了人们的神经，对人们造成了极大的毒害，腐蚀了人们的身心健康，造成了人们对物质占有欲的不断增强，在全社会形成了一股奢靡浪费之风，导致人们的价值取向错位。这种过度消费模式一旦形成，就会控制习俗，成为公认的体面的标准，引导人们消费的潮流并成为下一股消费潮流的起点，使全社会的奢靡浪费之风越来越强，使人们沉浸在异化消费的幸福中且越陷越深。

3. 价值多元化为主观原因

经济全球化时代，人与人之间的文化交流越来越紧密，价值观念在相互交流合作中摩擦、碰撞。当今社会是一个多元化的时代，每个人都在寻求自身的价值，价值多元化呈现出不同的价值心态，人们一方面受传统价值观的制约，同时又受到新的价值观念的冲击。不同的价值观念并存在不同的价值主体上，不同的价值主体呈现出多元化的发展态势。价值主体的多元化存在，使价值观也多元化发展，这反映了一个时代的进步。

价值多元化造成异化消费的原因在于：首先，受西方文化思潮的影响，消费主义价值观开始在中国的传播，中西方消费文化价值观的冲突碰撞，引起了国人消费文化价值观的变化。消费主义从经济发达地区开始逐步向经济欠发达地区、经济不发达地区蔓延。消费主义浪潮正悄悄从大城市向中小城市、从城市向农村、从沿海向内地、从东南向西北、从高收入和高威望的人群向普通大众蔓延。消费主义价值观的日渐盛行，不断与国人的价值观发生碰撞，一些人开始接受消费主义价值观，特别是年轻人，他们对消费的异化起到了推动作用，也是造成现代社会存在异化消费问题的主要原因。

① James O' Connor, Natural Causes.（New York: The Guildford Press, 1998）, p.206.

其次，受消费主义价值观的冲击，一部分人的消费观念替代了传统的消费观并生成了无止境的消费欲望。改革开放初期，人们的生活水平不高，社会普遍崇尚节俭是美德，在人们的观念中超出基本需求的消费被认为是生活腐化，但如今这种消费转变成了正当享受，个体的消费从“越穷越革命”转变为“谁富谁光荣”。人人以过度消费、奢侈消费为荣，甚至将中华民族传统的美德节俭朴素视为小气，当成了没面子。近几年来，中国一度成为奢侈品的消费大国，实际上中国人并没有达到消费奢侈品的富裕程度，但公众却在消费一些奢侈品，这种现状主要来自人们的价值观。他们追求消费品的符号价值，各种信贷消费和超前消费随之而来。人们在消费主义价值观的引导下，不仅通过消费来满足生理方面的需求，也通过消费来彰显和表现自己的个性、意志以及愿望。现代社会，人们不顾自己的实际消费能力追求价格不菲的高档名牌产品，追求限量版时尚商品消费，这种异化消费行为日渐显露端倪。异化消费满足人无止境的消费欲望，从表面上看，这种无止境的欲望是一种生理性欲望，但实际上它是以生物性欲望的形式表现出来的主体精神性的欲望。对物的消耗几乎不是对物的生理性的消耗，更多的是对物的精神性的占有和破坏，人们通过这种占有和破坏的过程中展示人的身份地位。但是，人们在消费过后，似乎并没有得到满足，反而感到一阵阵空虚，同时我们所处的生态环境也遭到了破坏。

4. 生活方式多样化为直接原因

近年来，科学技术日新月异，生产力不断提高的同时，人们的生活方式也不断变化。中华人民共和国成立后的三十年里，物质基础薄弱，人民收入水平低下，人们的生活方式比较单一，“新三年旧三年，缝缝补补又三年”是大家互相奉行的生活状态，这种生活方式也是当时社会普通百姓和城市市民的突出特征。[①] 改革开放初期，人们的生活水平有了一定的提高，但是他们仍然受传统思想的影响，“艰苦奋斗、勤俭节约”是当时的主要生活方式。

20 世纪 90 年代物质生活显著提高，人们开始追求正当的生活享受，生活方式随着物质生活的提高而不断丰富，逐步呈现多样化状态。首先是生活环境的变化导致生活方式的多样化。改革开放之后，受对外开放的影

① 张永杰，程远忠：《第四代人》，东方出版社1988年版。

响，人们不再局限于一个家庭的小圈子里，而是融入更广泛的社会交往中，通过到大城市打工、下海经商，甚至国内外之间流动，逐渐从封闭型转向开放型。其次，物质生活的提高导致生活方式的多样化。物质的充裕，使人们不再满足于温饱生活，而是逐渐转向消费，满足自己。就个体来讲，消费从被动转向主动，成为人自身重新建构自我的手段；就社会来讲，消费作用于生产，带动和促进生产的发展；就消费的判断标准而言，从政治话语转向代表生活的话语，或者说代表商品符号的话语。① 人们开始注重商品符号所代表的社会地位，通过消费获得自己的社会认可度。最后，思想文化氛围的宽松导致生活方式的多样化。改革开放以来，物质的丰富带来人的思想文化的转变。人们不再固守陈规，生活方式有了多样化的选择，逐渐从保守型走向开放型。

中国异化消费问题的产生与生活方式的多元化有直接的关系，这是因为：首先，从居民生活的环境上看，改革开放后中国的对外交流能力越来越强，与世界的接触越来越密切，国际时尚与消费文化潜移默化地影响国人，一部分国人开始效仿国外人的生活方式，个性化、多元化的居民消费趋向开始显现出来，最直接的结果就是奢侈品消费的崛起。

其次，从居民的生活理念上看，受消费主义影响，消费主义价值观逐渐被一些国人接受，他们用高消费弥补生活的奔波，消费、赚钱再到消费，他们用消费弥补忙碌的生活，这是他们全部生活的内容。特别是一些年轻人，他们生活的主旋律被消费充斥着，而对于保留艰苦奋斗的老人们，他们却看不起他们的生活观念，甚至形成消费代沟。

再次，从居民的日常物质生活上看，物质水平飞速提高，相对于以往人们的生活发生了翻天覆地的变化，市场供应品种不断丰富，琳琅满目的商品不断刺激人的眼球，一部分人禁不住诱惑逐渐成了“物的附属品”，他们以面子消费来满足自己的虚荣，以奢侈消费来证实自身的价值。

最后，从居民的生活水平上看，随着市场经济的深入发展和社会结构深刻变化，短时期内一部分人资本积累过快，贫富差距拉大，这种差距已经成为全球性的趋势。富裕阶层积累了丰厚的资本，在消费过程中，注重对奢

① 郑红娥：《树立与科学发展观相适应的经济增长观和消费观》，《社会科学家》2005年第9期。

侈品牌的选择，通过挥金如土的生活、肆意盲目地消费体现自己的身份和地位，为自己“撑面子”而不惜余力，把消费过程作为一种向他人炫耀和展示自己经济实力和社会地位的手段，由此带来自身的满足与荣耀，甚至名誉。他们通过购买所消费的商品和品牌等级来获得相应的社会等级，他们往往热衷于名品效应，追求名品以此炫耀自身，是他们普遍的消费心理。

三、把握异化消费规律

虽然，阿格尔异化消费理论有诸多的局限性，但其对异化消费本质的揭示、后果的阐述以及应对策略的研究，对于避免重蹈西方资本主义发展的覆辙，推进社会主义国家的发展具有现实启示。中国现处于社会主义现代化建设的初级阶段，正是美丽中国建设的关键期，美丽中国在建设过程中如何选择一个适合自身的发展模式，如何在发展过程中既维护生态环境又促进中国“社会美”的发展是现阶段应该重点探讨的问题。因此，把握“资本与异化消费”“技术与异化消费”“文化与异化消费”以及“劳动与异化消费”之间的关系，掌握异化消费产生、发展和消亡的历史规律，这是推动美丽中国“社会美”实现的必要条件。

1. 资本与异化消费

关于资本与异化消费的关系，在阿格尔的理论中是遵照这样的“生产逻辑”：资本主义社会，资本主要指生产投入的资本、生态投入资本和劳动者积累资本。追求利润最大化的本性决定资本家不断加大生产投入资本，生产投入资本增加后生产规模随之扩大，其结果必然生产出更多的商品，为了销售商品实现短期内回收成本和收益目标，通过操控广告等媒介在全社会宣扬消费主义价值观诱惑人们在生产之余进行过度消费，而劳动者经受不住这种诱惑，把自己仅存的那点积累资本都拿出去挥霍，由此产生异化消费，进一步加剧生态危机。只有扩张性生产才能创造更多的剩余价值资本家自然不可能去顾及，自然界的承载能力，资本主义制度下资本家不尊重自然、不考虑自然的承载能力的生产模式为生态危机埋下祸端，所以资本家的生态投入资本几乎没有，或者象征性地投入一点，资本家关注的是能够使用最小的成本生产出最大交换价值的商品，生产效益远远比保护生态环境更为重要。资本主义的生态问题是由资本主义经济造成的，生态危机问题暴露了资本主义制度的缺陷。可见，在资本主义生产模式中，随着生产投入资本的增加，导致了异化消费的产生。

随着生产力的提高和科学技术的进步，我国综合国力和人民生活水平逐步提高，不仅推动我国物质建设，而且促进了社会进步，增强了竞争意识、法制意识，强化了自立自强的品质。但是，我国在实施改革开放和加速经济发展的过程中也曾经出现过不少问题：中国一度在经济发展的同时并没有注重生态利益，盲目扩大生产投入资本，不考虑生态投入资本，有过急功近利掠夺自然、索取自然的做法，没能考虑自身及后代的发展，没有认识到人与自然关系与人的命运息息相关。同时，随着物质生活水平的提高，资本积累的速度过快，而公民的基本素质还跟不上经济发展的脚步，富裕阶层人们的素质与拥有的财富不相匹配，出现了盲目消费、挥霍消费等情况。因此在中国发展生产力的同时，我们应吸取发达国家发展过程中的经验教训，吸取它们盲目发展经济而牺牲生态环境的惨痛教训，防止随着生产资本和积累资本的增加导致异化消费问题的产生。

我国现阶段把握好“资本与异化消费”之间关系的规律，需要注意以下几点：首先，我国在经济发展和经济建设过程中，防止企业注重生产效益而不关注生态效益，我们不能走西方国家先污染后治理的道路，任何不增加生态投入成本而盲目扩大生产投入资本的做法，都是短视行为。对于盲目开发自然、改造自然，对环境造成污染或者以牺牲环境为代价去谋取暂时利益的行为都是严重消耗能源、不科学利用资源的过程，其后果严重制约了生态系统的平衡发展，甚至对当代乃至子孙后代的生存发展造成威胁。

其次，发扬社会主义建设市场经济体制的优势来弥补短板。社会主义是公有制经济制度，一切资料归劳动者，这就决定了我国的生产一切为了群众，一切依靠群众，不像资本主义国家资本家经济利益至上。政府要积极引导非公有制企业，在生产过程中不要追求效益至上、不顾生态环境，要积极形成健康向上、公正合理、内涵丰富、员工认同的先进企业文化。

最后，处理好物质消费与精神消费的关系，防止因为消费资本积累增加，出现一系列异化消费问题。物质消费是人生存的基础和手段，但是物质消费比重过高不利于人的全面发展，适当增加精神文化消费有助于提高人的满足感和成就感，是人获取幸福感的主要途径。我们提倡的消费不是仅仅满足人的物质性需要，而是满足人的长远发展和更高层级的发展需要。现代社会要对人的思想观念和道德行为进行有目的、有计划的改造，引导现实个体在探索人的生存规律、人生价值取向、提升人的精神境界中实现自我，克服对物质的依附性和依赖性。

2. 技术与异化消费

从资本主义生产模式上看，资本主义技术使用分为两个方面：技术推广和技术革新。一方面，随着资本主义工业化文明程度的提高，特别是近代工业革命以后，技术进步幅度增大，有了技术的支撑，人类改造自然、控制自然的能力空前强大，人与自然的关系发生逆转，人就成了凌驾于自然之上的统治者。大规模技术的推广产生的利润使得资本家有足够的成本开发新的产品来扩张消费市场的规模，加大赚取更多利润的可能，而这一切只能通过消费者异化消费才能实现资本家的目标。另一方面，资本主义推行技术革新，必然促进劳动生产率的提高，降低社会必要劳动时间，减少原材料成本，而技术革新的成本，最后只能让劳动者来买单，资本家会诱导人们消费来换取利润。因此，资本主义技术的推广和革新产生了异化消费，加重了对自然的剥削，生态危机日益严重。同时，资本家也不可能舍得投入解决生态环境的生态技术成本，资本家所谓的保护生态环境，不过是为了维系生产条件以赚取更多的利润罢了。

中国经济的发展和生产力的提高固然依靠市场的发展和科学技术的进步，但技术如同一把双刃剑，技术如果被非理性使用，就会产生异化。从人类长期发展的历程来看，人类在与自然界相处的过程中，最开始是敬畏自然、崇拜自然的。但随着生产力的发展，技术的进步，人类开始征服自然、统治自然，盲目开放自然换取一时的经济效益，对自然界的破坏程度超乎想象。如果不吸取发达国家的教训，终有一天我们也会遭到自然界的报复。同时，新时代我国的劳动者已经不像阿格尔笔下的劳动者那样被日益剥削、艰难度日，但是随着科技的进步，劳动者分工也是越来越精细，劳动者在固定的工作岗位中久而久之也是相对枯燥和僵化，劳动过程中也是压力很大，因此人们在工作中为了提高竞争力也必定过度消费自己，为了补偿自己，人们自然也会转而用消费代替其他娱乐休闲方式。

把握技术与异化消费关系的规律，通过科技力量追求生态环境与经济利益的相互促进，通过生产有效地引导减少异化消费，进一步缓解人与自然的根本矛盾。在这里，首先，处理好生产者与消费者之间的关系，引导生产者正确看待经济效益，理性对待生产过程，防止生产者转嫁技术成本让消费者买单，这也是减少异化消费的途径之一。其次，处理好技术与生态的关系，重视生态环境的生产力的作用，减少技术推广和革新过程中对生态的危害，促进生态经济化和经济生态化的相互作用。再次，推广无害、零污染技术，开展生态技术示范工程，推动科学技术的创新和进步应用在生态文明建设中，促进国家生态环境技术管理体系的成熟规范。最后，提供生态产品，为人民群众营造良好的生活氛围，人民群众已经不仅仅满足于物质产品，而是对环境有着更多的期待，包括清新的空气、绿色的蔬菜和健康的水资源等生态产品，因此提供更多的生态产品也是使公众更愿意参与生态保护的动力来源。

3. 文化与异化消费

阿格尔在探讨异化消费造成生态危机时，批判了消费主义文化，认为人们的价值观出现了问题，而价值观来源于文化系统。阿格尔的异化消费理论否定的是拜金主义和享乐主义，这些都是利己主义思潮，是异化的生活方式。拜金主义讲求金钱至上，对金钱的无限追求并不择手段，导致诚信缺失、道德滑坡；享乐主义追求的是劳动之外对物质追求的享受。没有实质的、有意义的生活追求，人的精神生活是空虚的，生活是畸形的，消费也是异化的。

中国正处于社会转型期，伴随着经济的发展和多样文化的冲击，不断影响人们的消费方式。消费主义文化的渗透和侵入，使中国出现奢侈消费、炫耀消费等异化消费问题。消费主义文化在一定程度上影响着我国社会文化的发展方向，混淆了人们思想，影响了正确价值观的形成。动摇理想信念的坚固性，侵蚀精神领域的纯洁性，在思想文化领域造成消极影响，极易侵蚀人们的心灵和破坏社会风气，对主流文化进行直接的冲击。在社会思潮日益多元化的今天，既要促进思想文化领域的健康发展，又要促进社会有序进行，因此把握好文化与异化消费的规律显得十分必要。

阿格尔关于文化与异化消费相关内容的阐述，呼吁我们要进行生态视角的思想文化审视，这种审视不仅要揭示生态危机的思想文化根源，而且要剖析现存的思想文化观念和价值观念如何助长、引发生态危机。[①]在社会主义现代化建设过程中，我们积极建构先进文化，促进社会文化向健康、有序方向发展。我国在进行社会主义先进文化的培育过程中要注意以下几点。

首先，对待社会主义现代化建设和改革开放带来的各种物质主义、消费主义思潮的文化选择过程中，要倡导以马克思主义为指导的，坚持马克思主义的立场和角度对各种文化进行科学的扬弃，选择以社会主义核心价值观为主要内容的先进文化[②]。其次，政府和社会要加强对多元文化进行正确引导，着重培养公民对多元文化的辨别和选择，坚持用正确的文化引导人、教育人，解决思想、行为上的困惑，使公众形成正确的价值观。再次，加强思想道德建设，让公众明确什么可以做，什么不可以做。对环境有害、过度消费行为要坚决制止；破坏社会和谐，不利于社会发展的行为要坚决杜绝。提升人们的文化素养，促进文化建设的发展，满足人民对文化的消费需求，实现人的全面发展[③]。复次，增强文化建设的感染力，利用各种社会公益讲座、社会宣传导语等形式广泛进行生态观的宣传教育，引导社会公众树立正确的消费观，理解生态的基本规律和深刻认识生命发展的意义，认识到尊重自然界的万生万物，平等对待一切生命，认识到理性消费，保持高度的责任感，是在为社会负责也是在为自己谋福利。最后，多吸收中国优秀传统文化，对于造就人的高尚品格具有重要的作用，对于抵制西方思潮的消极影响具有重要的意义。

4. 劳动与异化消费

阿格尔在探讨异化消费的根源时，认为是异化生产导致异化消费，异化生产的过程也是异化劳动的过程，人们在生产劳动中的苦闷在生产过程中无处发泄，转而在消费中通过疯狂购物去获得，以此获得满足感，因此，资本

① 吴宁：《生态学马克思主义思想简论》（下册），中国环境出版社2015年版。

② 冯开甫，李小双：《高校思想政治教育文化价值的表现形态》，《思想政治教育研究》2017年10月。

③ 张凤翠：《本·阿格尔的生态学马克思主义研究》，吉林大学博士学位论文，2015年，第114页。

主义社会劳动和消费是尖锐的对立关系。

发展中国家的具体情形和发达国家还是有区别的。发展中国家的大多数人恐怕还不具备这样的条件，还无法通过消费去弥补生产带来的无助感。但我们清晰地看到，在经济全球化的今天，中国这个人口大国作为一个资源相对缺乏的发展中国家搞改革开放，发展市场经济，还是有一些弊端需要克服。我国市场经济已经建立了公有制为主体的多种所有制并存的制度，但从总体上中国在加快经济建设的过程中，存在一些急功近利的企业没能规范化生产而引发异化劳动的现象，部分企业为提高产量和效率，以实现经济增长为目标，很难保证完全以生态保护为前提、以人的自由为目的，所以当人在生产中得不到乐趣，追求自由的天性也会通过消费或其他娱乐方式去获取，这种现象如不加以正确引导，会阻碍中国经济进一步向前发展。建设社会主义，我国的经济实力、生态环境都不允许也不能够满足人们的异化消费，这种消费行为是坚决杜绝的。

中国在经济发展过程中把握好“劳动与异化消费”关系的规律，我们需要正确处理好几个方面：首先，建立有助于民主化、人本主义的管理模式。改革开放以来，针对中国社会出现的异化消费问题，从生产模式和生产过程上规避矛盾，尊重和维护生产过程中工人的权利、尊严和人格，杜绝异化的管理方式。在社会生产过程中，通过民主化、人文化的管理模式，发挥人的主观能动性，为人的个性解放创造条件。其次，提高劳动者在生产中的地位，提高生产积极性和主动性。通过为劳动者提供健康向上的相关企业文化和营造的良好企业氛围，潜移默化地影响、教育劳动者，让其感受到自己的主人翁地位，提升生产中的主动性与积极性，接受健康、绿色、合理的生产生活方式，摒弃“物化”的生活，促进人与人之间良性的交流，形成社会主义和谐社会应有的思想和行为观念。[①]最后，中国经济发展的目标是要建立适应中国国情的、适合中国市场经济发展的，促进中国社会发展的经济体制，因此，政府加速我国经济体制改革，加快完善市场经济体系尤为重要。从阿格尔对异化消费的批判理论审视当下中国的现实问题，我们必须清醒地看到中国社会目前存在一定的异化消费问题，这些问题必须引起我们的重

① 穆斐，陈旻等：《威廉·莱斯“生态学马克思主义”理论的现实启示》，《武汉理工大学学报》（社会科学版）2018年第9期。

视，及时辨析问题产生的原因，总结异化消费发展和消亡的规律，对于我们认清现实问题本质，规避异化消费风险有着现实意义。

第二节　阿格尔异化消费理论佐证了对美丽中国建设目标的认识

美丽中国是中共十八大报告首次提出的全新概念，把生态文明摆在“五位一体”总体布局的高度，再一次凸显了生态文明建设的重要性。习近平总书记强调，走向生态文明新时代，建设美丽中国，是实现中华民族伟大复兴中国梦的重要内容，也是建设人类生态命运共同体的重要组成部分。阿格尔异化消费理论的思想精华，所提出的“多不一定好”“生产满足”“生态完整性”“生态变革”等理念，对于明确党中央关于美丽中国建设目标的伟大战略部署，如“绿色消费”目标、“五位一体”总体布局、“生态红线”警示制度具有现实启示意义。

一、“绿色发展”的目标

中国的“绿色发展”目标是对传统发展模式的突破，是在尊重生态承载力和生态环境容量约束的基础上，以环境保护作为可持续发展重要载体的一种新型发展模式。“绿色发展”是中国“五大发展理念”的核心之一，习近平总书记强调绿色发展方式和生活方式是贯彻新发展理念的必然要求[①]。20世纪50年代中期，资本主义造成的环境污染日渐严重，阿格尔在批判异化消费导致生态危机的问题时，提出了一些应对策略，如“多不一定好”的发展理念、“简朴生活”的生活方式以及“生产满足”的生产方式等重要论断。阿格尔提出的这些应对策略思路对中国的发展模式、生活模式及劳动价值观都具有一定的启示价值。

① 习近平：《习近平谈治国理政》（第二卷），外文出版社2017年版。

1.“多不一定好”与“绿色发展模式”

阿格尔在探讨超越异化消费领域本身寻求替代的满足方式时，认为“更多”不一定“更好”，高度集中的官僚化的生活阻碍人的个性发展。[①]“异化消费”理论彰显的是生态自然环境的有限性与无产阶级消费的盲目性之间无法调和的矛盾，揭示了生态危机历史的必然性。阿格尔认为资本主义社会的异化消费对生态环境造成破坏，缓解生态危机需要实行消费观念的变革，树立“多不一定好”的发展理念，这样才能有效解决生态问题。在这里阿格尔强调三个问题：第一，异化消费方式造成生态危机是历史的必然，异化消费对社会财富造成巨大的浪费，危害生态环境甚至威胁人类的生存发展；第二，转变发展方式，“多不一定好”是阿格尔面对异化消费问题采取的新的发展理念，阿格尔看到高度集权的和官僚化的生活的弊端，试图从生产和消费两个领域进行消费观念的变革。第三，阿格尔看到了异化消费问题对人的阻碍，希望人重新寻找替代的满足方式。

阿格尔的“多不一定好”的发展理念向公众渗透了“绿色发展”的萌芽，中国如果未将绿色发展理念融入生态文明建设之中，也不可能实现人与自然的和谐发展。消费主义一旦在中国盛行，不但会对人们的思想和行为产生不良影响，消解人的主体性，而且必然对社会财富造成巨大的浪费，甚至危害生态环境，从而最终危及整个中国人的生存和发展。阿格尔“多不一定好”的发展理念更多的是向公众传递一种绿色的消费理念，警示了“消费多”引起生态危机的后果，如果坚持异化消费的模式必然引起生态的恶化和人的异化。希望公众摒弃越消费越幸福的消费理念，重新调整自己的需求，促进经济进步和人的全面发展。纵观我国贯彻的“绿色发展模式”的内涵，要比阿格尔提出的“多不一定好”的绿色消费理念的雏形丰富得多，“绿色发展模式”从生产方式、消费方式、生态治理到制度建设等多方面进行明晰、细化。

“创新、协调、绿色、开放、共享”是党的十八大以来以习近平同志为核心的党中央在总结国内外经验教训，分析发展大势的基础上在十八届五中全会提出的五大发展理念，在全党全社会得到了广为认可及热烈的反响。“绿色发展”作为五大发展理念的核心之一，凸显了绿色发展的重要地位。绿色

① ［美］本·阿格尔：《西方马克思主义概论》，慎之等译，中国人民大学出版社1991年版。

发展是我国在生态文明建设中的必然选择，也是人与自然和谐相处的必然之路，它彰显了社会主义的生态意蕴，表明了我国治理生态问题的坚定决心，通过不断提高人们在生态问题的价值境界，并逐渐将这种生态意识形成新时代生态理性自觉，再将这种生态意识内化为一种信念，在处理人与自然的关系问题上按照生态规律和生态原则去做事。习近平总书记多次强调绿色发展方式和绿色生活方式是中国发展观的一场深刻变革，是中国贯彻新发展理念的必然要求。推行绿色发展方式和生活方式主要涵盖六个方面的任务：经济发展方式从高消耗发展模式转到创新驱动的引领性发展；加大环境污染治理力度；推进生态修复进程；全面促进资源节约集约利用；推广绿色消费；完善生态文明制度体系。① 可以看到，党的十八大以来，我国在生态文明建设方面取得了显著的成效，党的十九大进一步助推了生态文明建设。习近平总书记指出，人与自然是生命共同体，人类在尊重、顺应、保护自然的同时遵循自然内在规律，有效防止在开发、利用自然上走弯路。② 党的十九大提出了人与自然的和谐共生思想，还强调了实现美丽中国的建设目标，我们需要在未来一段时间乃至永久推行绿色发展模式，并将绿色发展模式融入中国特色社会主义生态文明建设中，让绿色发展方式融入生产和生活中。推行绿色发展方式，不是要求人们放弃对幸福生活的追求，而是倡导一种生态化的消费模式，在生产方式上通过选择不危害环境的产品与服务来满足自身的需要而又不损害当代及未来后代人的利益；在消费方式上，倡导一种消费观念的转变，推行一种消费的生态化模式。它不崇尚毫无节制地消耗和滥用物质财富，也不提倡一味地节约吝惜物质财富，压抑控制消费行为，它主要向公众灌输一种观念，强调消费满足自身的生态需要就是恰到好处的消费，不提倡奢侈浪费。生态需要是指人的生存和发展的需要建立在尊重生态规律和生态承载力的基础之上，是推行绿色生存方式和生活方式的前提，也是人的发展不违背自然界客观规律的体现。推行绿色发展模式，是实现可持续发展战略的重要支柱，是人民幸福与人的全面发展的基础。

① 习近平:《习近平谈治国理政》（第二卷），外文出版社2017年版。

② 习近平:《决胜全面建成小康社会 夺取新时代中国特色社会主义伟大胜利—在中国共产党第十九次全国代表大会上的报告》，人民出版社 2017年版。

2. 简朴生活与简约适度

阿格尔认为摒弃异化消费是要构建一种简朴的生活方式，阿格尔强调“简朴生活”并不是要人们重过简单、清教徒式的生活，而是对人们生活的“质”和“量”进行重新规定。他期望人类不要成为贪得无厌的动物，要知道消费多少就“足够了”。[①]阿格尔提倡人们推行简朴的生活方式，并且强调这种简朴的生活方式不是让人们绝对的节约和不消费，他实际上是希冀在生活方式上摒弃虚假需要，满足人的真实需要，减少不必要的浪费，尊重消费的适度原则。

阿格尔为解决异化消费问题推行“简朴生活”的理念，对于我们反对消费主义价值观，克制自身的贪欲具有现实启示。阿格尔看到异化消费方式的粗俗、平庸不是生存本真发展的方向，享乐奢靡的生活方式无法促进社会历史性进步。阿格尔认为，必须改变与消费等同起来的生活方式和存在方式，提出了科学合理的消费和健康文明的生活方式的思路，以荡涤和肃清腐朽没落的思想。阿格尔的“简朴生活”与新时代“简约适度”的生活方式具有相似性，两者都是推崇简单生活理念，不同的是新时代的“简约适度”生活方式在具体实施途径上比阿格尔思想更明确、思路更清晰。阿格尔在提出“简朴生活”之后，并没有对生活方式的具体内容进行规定，阿格尔对“简朴生活”这一思想的提出主要是应对异化消费问题时提出的一种反对奢靡、过度的生活方式，希冀推行一种生活方式的变革。而我国的“简约适度、绿色低碳”生活方式是绿色发展模式下对生活方式的具体规范和导向，比较明确地从对公民生态意识的强化，到社会生态文明教育的宣传再到生活方式上的自觉约束、绿色低碳生活的实践等多方面做了具体规定，覆盖面很广、思路脉络清晰。习近平总书记倡导“简约适度、绿色低碳”的生活方式，是对现存的奢侈消费、盲目消费等异化消费生活方式的根本否定。我们对习近平新时代生态思想的全面理解，不能仅仅停留在理论方面的研讨，必须在实际生活方式上贯彻、践行并拓宽其实现路径。我国工业化尚不发达、工业文明程度还不够高，在这种情况下建设社会主义生态文明，不能全盘否定工业文明，而是对工业文明沿袭下的价值理念、消费方式和行为模式等进行生态化的改

① [美]本·阿格尔:《西方马克思主义概论》，慎之等译，中国人民大学出版社1991年版。

造和绿色化的提升。①

习近平总书记在生态环境保护大会上，向广大人民群众传递了“简约适度、绿色低碳”的生活方式，这种生活方式的精髓就是在“大道至简”的智慧中追求“天人合一”“人与自然和谐共生”的生活方式，是美丽中国建设目标在生活结构和生活秩序上的彰显。② 习近平总书记倡导的“简约适度”的生活方式是对现存的奢侈消费、盲目消费等异化消费方式的根本否定，是消费方式的生态化的表现，是新时代顺应自然发展规律的新的生活态度。“生态兴则文明兴，生态衰则文明衰”，美丽中国建设是一个系统工程，以习近平总书记为核心的党中央从生产方式到生活方式的变革，进一步凸显绿色发展理念的重要性，足可见我们党对生态文明建设的力度和决心之大。我们欣喜地看到，我国的生态环境治理效果显著，环境得到很大的改善，美丽中国进入了时代的日程，但我们也要清晰地看到，目前遭遇的困难和阻力仍然很大，这就要求我们在生活的各个环节都要具体落实“简约适度”原则，加速美丽中国建设目标和中国梦实现的进程。“简约适度”生活方式具体包括三个方面：第一，坚持节约优先的原则，从生产方式和生活方式全面推进资源节约和循环利用；第二，降低物耗、能耗，实现生活系统与生产系统循环对接；第三，实施全民绿色行动，自觉实行绿色低碳生活，从绿色出行、绿色家庭到绿色社区的构建，全方面、多方位践行绿色发展观，推动人与自然和谐的新发展模式。

3.“生产满足”与“劳动幸福”

阿格尔在阐述异化消费时强调“人的满足最终在于生产活动而不在于消费活动”。③ 在资本主义工业社会，人们疯狂消费去发泄自己内心的不满，把消费同满足、幸福等同起来，用消费的数量作为衡量幸福的尺度，这样的异化消费方式是生态危机的根源。阿格尔认为异化消费中人们将自我价值的实现寄托在生产劳动之外的闲暇时光中，出现了“劳动—闲暇二元论”现象。事实上人的满足在于生产满足，人应该改变现有的生活状态，用创造性的劳

① 黄勤：《生态文明建设在“五位一体”中的特殊功能》，《光明日报》2014年2月1日。

② 唐魁玉：《倡导简约适度、绿色低碳的生活方式》，http://www.wenming.cn/ll_pd/llzx/201805/t20180514_4684304.shtml?COLLCC=2091877637&COLLCC=3247108623&。

③ [美]本·阿格尔：《西方马克思主义概论》，慎之等译，中国人民大学出版社1991年版。

动去实现自身的价值。阿格尔批判了资本主义社会流行的这些消费主义的文化和生活方式，要求从异化消费中走出来，实现“消费—闲暇一元论”，工人不再沉溺于异化消费中，而是在“创造性劳动”中得到幸福和满足，寻求人生的价值和愿望。阿格尔认为马克思的经济危机理论面临的主要问题是缺乏一种需求理论，他期待人们从创造性的劳动中获得而不是通过异化消费的方式去获取需求的满足。

阿格尔关于“生产满足”的论断其实是对异化劳动的根本否定，对资本主义异化生产给予批判，他对资本家无偿剥削、欺诈劳动者的事实给予揭示，对资本家的道德虚伪性给予揭露。然而，阿格尔只是点出了问题的本质，但是在解决方式上却止步于此，没有继续深入挖掘造成异化劳动、异化生产的根本原因，没有从根本上揭示出资本主义矛盾是造成一切问题的真正原因，进而减轻了对资本主义制度的批判力度，因此他的仅仅靠调整资本主义生产关系、开展创造性劳动来获得“生产满足”，不可能从根本上解决生态危机，更不能为人们带来真正的幸福。

我国社会主义新时代的“劳动幸福”远远优于阿格尔的“生产满足”，克服了阿格尔“生产满足”的理论局限。首先，新时代劳动是建立在社会主义制度之上，生产依靠人民、为了人民，生产的成果源于人民，更回馈于人民。社会主义制度的优越性为新时期的生产提供前提，也提供了保障，是人民致富的源泉和动力。阿格尔强调的生产一直是资本主义工业化大生产，资本家追求利润的本性决定了资本主义生产不是以人民群众的利益为中心，而是以获取最大利润为核心，资本主义生产资料的私人占有制不改变，人民与生产的关系始终是对立的、矛盾的。

其次，新时代的“劳动幸福”观是对生产模式不断探索的过程中从人的价值追求上探讨如何获取幸福的，它合乎人的发展需要，回答了新时代劳动与幸福的辩证关系，即“劳动怎样创造幸福、是否所有的劳动都能创造幸福以及怎么样劳动才能创造幸福”等问题，凸显了新时代对劳动内涵的丰富与“劳动幸福”的时代意蕴。

最后，新时代劳动幸福观把幸福的根源落在劳动中寻找，这是寻找幸福的本质所在。消费作为一种活动，是在一定的社会关系中进行的用物质满足自己生产和生活需要的行为和过程，是人在处理与自然、与社会，以及与自身等一切关系中探求“人”自身发展的一种内在要求，是人实现自我价值和追求本真生活的手段和方式。[①] 摒弃异化消费，我们要从生产中变革，对于企业而言，充分调动劳动者在生产中的积极性，倡导生态化的生产方式，建立符合绿色发展要求的企业文化，积极推动生产的绿色转型尤为重要；对于劳动者而言，新时代生产资料属于人民，充分发扬自身在生产中的主人翁精神，在创造性劳动中不断提升驾驭生产的能力和提升生产的业务能力。只有把对幸福的确立建立在彰显人的主体性和探索性的劳动过程中以及对人性的不断完善历练、对精神生活追求的不断提升中去，才能实现人类真正地解放，摒弃对物质生活的依赖，从而找到一条通往真正幸福的现实道路。

对于什么样的劳动能够带给人幸福和满足，习近平总书记给出的答案是“辛勤劳动、诚实劳动以及创造性劳动”。其中，辛勤劳动，表达的是对待劳动态度上的诚恳以及劳动行为过程的艰苦与艰辛；诚实劳动，是相对于欺诈而言，表达了在生产过程中雇主信守承诺、不欺诈雇员的优秀品质以及雇员诚实劳动的良好品德；创造性劳动是对传统劳动的创新，他强调的是劳动者具备良好的业务素质和扎实的业务功底，可以创新工作思路、发散工作思维，同时管理者要给劳动者提供一个更舒适、更先进的劳动生产模式，通过一些手段促使劳动者敢于创新，勇于接受新事物与新挑战。[②] 近些年来，习近平总书记在多次讲话中提及“劳动幸福”相关观点，从“一切幸福都需要靠辛勤的劳动来创造”，“有付出就会有收获”到“幸福都是奋斗出来的”等鼓励人心的话语，无不彰显“劳动幸福”的哲学智慧。劳动是财富的源泉，也是美德的源泉，人类社会的发展史就是一部劳动创造文明、劳动创造进步的历史。习总书记的“劳动幸福”观立足中国的国情和发展实际，坚持以人民群众利益为导向，以实现人民真正幸福为目标，致力于对人民日益增长的美好生活需求的满足，解决新形势下我国发展过程中不平衡、不充分的问题，在促进人与自然、人与人和谐发展的过程中推进人的自身发展。

二、“五位一体”的总体布局

党的十八大凸显了生态文明建设的必要性与重要性，将生态文明建设与

① 齐亚红：《消费正义论》，首都师范大学博士学位论文，2008年，第4页。

② 吕明洋：《习近平“奋斗幸福观”之哲学意蕴》，《理论界》2019年第3期。

经济建设、政治建设、社会建设和文化建设融为一体形成“五位一体”总体布局。“五位一体”总体布局既有对过去粗放经济增长方式的深刻反思，也有对新时代人民美好生活需要的积极回应。阿格尔对资本主义异化消费现象的批判和思考，对于构建人与自然和谐发展的美好社会，深化我们对“五位一体”总体布局认识和理解具有深远意义。

1.“生态社会主义”与中国特色社会主义

阿格尔认为解决生态危机的方法是构建生态社会主义社会，推行“稳态经济”模式。通过减缓科技发展的步伐，遏制无限增长的生产速度，将生产规模稳定下来，实现经济的“零增长”。事实上，生态社会主义所谓“零增长”的稳态经济模式违背经济发展规律，在实际中根本行不通，只是一个无法实现的美好愿望而已。阿格尔的生态社会主义构想企图通过调整资本主义生产关系进行改良资本主义，必然不可能实现社会主义，甚至工人作为管理者随时可能被大股东所施压甚至解雇，好一点说，资本家在对待工人提出的一些意见或建议无非就是象征性地接受而已。在本质上，阿格尔的生态社会主义只有通过社会革命和环境革命才能解决生态问题。马克思认为废除生产资料私人占有制，实行生产资料公有制是人类实现自身解放必需的。只有废除生产资料私有制，工人才能获得生产资料，阿格尔强调的“非官僚化”“分散化”以及“劳动与闲暇的一元论”才有可能实现。虽然，阿格尔的生态社会主义构想属于理想主义，但是，阿格尔应对生态危机提出走向社会主义的构想彰显了生态学马克思主义学者为解决生态危机做出的大胆的改革，具有进步意义。

中国特色社会主义是中国共产党领导中国人民进行经济建设、改革开放革命实践所开辟的一条中国式现代化道路，包括中国特色社会主义道路及理论、制度和文化。坚持社会主义公有制是社会主义经济制度的基础，坚持社会主义基本制度是使人类真正摆脱受奴役、受剥削以及受压迫的历史过程，社会主义制度下体现的是个人和社会需要的统一，是需要与奉献、需要与道德的统一。社会主义满足的是大多数人的需要，而不是满足少数人的需要，坚持社会主义方向保证了人与自然完成类本质的统一。社会主义实现了人类真正的解放，从此人类开始进入了一个新的阶段，社会主义制度是推进人类向更高远、更伟大、更文明社会跨越的基石。自党的十八大以来，中国不断加强生态文明建设，将生态文明建设与经济、政治、社会和文化建设同等高度。坚定不移地走中国特色社会主义生态文明建设之路，是新时代全国人民必须坚持的发展道路，这也是对马克思列宁主义、毛泽东思想、邓小平理论、“三个代表”重要思想和科学发展观的继承和发展，是马克思主义与时俱进的重要表现。党的十九大提出了“为把我国建设成为富强民主文明和谐美丽的社会主义现代化强国而奋斗”的伟大战略目标，开启了新时代社会发展建设的新路径。中国在推进“五位一体”总体布局中如何展开生态文明建设实践，是美丽中国建设过程中必须明了的问题。资本主义社会出现日益严重的生态危机，其根本原因在于资本主义的生产力不是建立在“以人为本”基础上，而是建立在资本主义追逐利润的基础上。① 坚定社会主义是解决生态危机的唯一选择，因为只有社会主义才能以牺牲最小的消耗去生产满足人们需求的产品，社会主义生产的出发点建立在人民群众的基本生存需要和促进人的自由全面发展的基础之上，人民群众利益至上是社会主义生态文明建设的根基和着眼点。社会主义制度下，没有压迫和剥削，生产依靠人民，为了人民，人民在生产过程中不是压抑的、被迫的，是积极主动的。只有消除奴役、饥饿还有不公正，人类解放的任务才能完成；只有自然主义和人道主义的结合、统一以及完美融合，人与自然的矛盾和人与人之间的问题才能真正破解，自然界的复活才可能实现，不合理的制度以及不合逻辑的利益关系才可能愈合，人才可能实现真正自愈。资本主义制度下资本家以追求利润为前提，这些决定了资本主义社会中的技术进步也不可能解决环境问题。因为资本主义制度下资本家的贪婪本性决定了其不可能放弃自身的利益，因此，生态危机短时间内急速爆发。我们要积极吸取发达国家在发展过程中所遭遇问题的教训，同时也学习它们在生态环境保护过程中的最优化成果，走适合中国国情的生态文明建设道路，坚定中国特色社会主义事业，实现人类的可持续发展。

2.“生态完整性”与“生命共同体”

阿格尔在探索应对异化消费导致生态危机的对策时指出，要保护环境的

① 王雨辰：《生态学马克思主义与生态文明研究》，人民出版社2015年版。

完整性。阿格尔的"生态完整性"思想体现了阿格尔对生态环境保护的决心，是对破坏生态环境引发生态危机的预警，也对生态防护提出了应对途径。老牌资本主义国家在发展过程中的经验教训警示我们要强化保护生态环境的重要性，明确尊重自然界承载能力的生态责任，学会正确处理人与人之间的问题，促进人与自然的协调发展。

习近平总书记生态文明思想的一个重要贡献就是“生命共同体”思想，包含“自然的生命共同体”和“人与自然的生命共同体”两部分。这是习近平总书记在总结生态文明建设实践基础上对马克思主义生态自然观的继承和发展，是中国在生态文明建设方面智慧和责任的彰显。“生命共同体”以其独特的理论依据和实践逻辑推动了新中国“五位一体”总体布局战略，丰富了“人类命运共同体”的理论意蕴。①“自然的生命共同体”重在凸显尊重自然规律的生态意蕴，“人与自然的生命共同体”重在凸显人在改造自然的过程中与自然和谐相处的生态意蕴。我国推行“五位一体”总体布局，凸显了生态文明建设的重要性，“生命共同体”向全世界有力地展示了中国作为大国的生态化转向的决心，也是一个绿色转型和质量提升的系统工程，彰显了生态命运共同体的全球性本质。长期以来，中国在实现美丽中国的目标建设中，不但加强本国的生态文明建设，而且为全球的生态安全做出应有的贡献。中国秉承着共享、共建、共商的全球治理观积极推进生态治理工程、环境保护意识和生态文明制度，成为全球“生命共同体”的引导者和重要参与者。中国的“人类命运共同体”意识已经向全世界展示了其理论的正确性与前瞻性，“生命共同体”作为加强人类命运共同体重要内涵，成为完善全球生态治理体系的重要支柱，是中国为全世界可持续发展贡献的中国力量和彰显的中国智慧。“生命共同体”思想告诉我们任何急功近利掠夺自然、索取自然的做法，都是短视行为，没能考虑自身及后代的发展，没有认识到人与自然的关系与人类的命运息息相关。我国正处于并将长期处于社会主义初级阶段，生产力发展是首要任务，我国在经济发展和经济建设过程中，对于盲目开发自然、改造自然，对环境造成污染或者以牺牲环境为代价去谋取暂时利益的行为都是严重消耗能源、不科学利用资源的过程，会使人类最终走向

① 邓玲，王芳：《习近平“生命共同体”重要论述的理论内蕴与时代意义》，《治理研究》2019年第2期。

异化的道路，其后果严重违背了自然生态系统的平衡发展，对当代乃至子孙后代的生存发展造成影响。

3.“生态变革”与“金山银山”理念

阿格尔推行“分散化”小规模技术来实现“零增长”的稳态经济模式，这样一方面缓解人与自然的关系；另一方面消除机械化大生产带给人们无能为力的状态；同时，实施自下而上的“非官僚”管理措施，反对生产过程中官僚化的管理体制，用民主管理的方式替换机械化大生产集权的管理方式，让人们自主参与生产、管理与决策，从而能成为生产的主人，这样可以变被动为主动，让工人在劳动中表达自己的个性，实现自身的价值。“分散化”和“非官僚化”的变革之路可以消除劳动的异化，进而消除消费的异化并最终解除生态危机。阿格尔的这种“分散化”和“非官僚化”不仅可以在技术和生产过程中应用，还适用于社会、政治生活的全过程，以此实现人与自然的双重解放。当然，前面已经论述过“零增长”稳态经济模式肯定是有悖于经济增长规律的，过于理想主义，这仅仅是北美社会主义革命的一个美丽的空想。阿格尔的种种生态变革方案，争取到的是工人参与生产的管理权和政策的参与权，而不是生产资料的所有权，资本家生产的逻辑尚未改变，仍然是以追求最大利润为基础，工人们终究只是一个体面的打工者，不可能左右企业的未来或是减轻来自工作的压力。但阿格尔对解决生态危机提出的生态变革方案，从技术上和民主管理上提供了实践性方案。虽然阿格尔的变革方案终究是在资本主义制度框架内提出的，由于资本家追求利润最大化的本性不改变，终究是无法达到生态保护的目的。但从阿格尔的“生态变革”中我们可以看到生态学马克思主义学者为解决人类危机所迈出的实践性步伐，以及对人类生态文明做出应有的贡献。

习近平总书记提出的“绿水青山就是金山银山”的崭新理念从价值观、“技术变革”和“民主管理”等方面提出了更科学、更精准、更规范的具有操作性的治理方案，为世界生态文明起到了示范作用。一方面，习近平总书记生动形象地说明了保护环境就是保护生产力，彰显了生态效益、经济效益两者之间相辅相成的辩证关系，同时指明了我们在技术变革方面，既要加快经济方式的转换，同时也要注重经济结构的调整，走新型工业化与信息化以及城镇化和农业现代化道路，努力把生态资本转变为富民资本，同时要逐步提高科技进步对于经济发展的贡献力，逐步提高战略性新兴产业在经济社会发展中的比例，打造一系列生态品牌，增添绿水青山的颜色，促进生产力向生态良性方向发展。在民主管理方面，社会主义就其本质而言，是与异化劳动以及异化消费现象不相容的，但并不是说社会主义制度下生产的民主管理方式与经济发展模式完全合适。在社会主义创立与生态文明相适应的生产民主管理方式，可以帮助人们摆脱生产过程的枯燥无助，摆脱精神领域对物的依赖性，获得生产的积极性和主动性。习总书记提出的"绿水青山就是金山银山"理念是对"两山"矛盾关系可以破解的直观阐述。"绿水青山就是金山银山"理念是针对发达资本主义国家追求经济效益与生态环境遭遇破坏的代价之间的两难境遇提出的破解方式，是从经济层面和生态层面之间的关系入手提出的具有生态意蕴的破解之道。该理论解决的是"绿水青山"的生态资源和"金山银山"的经济效益之间的矛盾关系，这样的双重和解意在推动经济发展的同时，实现人与自然的和谐相处，实现生态与经济的双赢。

三、"生态红线"的警示制度

面对生态危机，阿格尔提出"避免浪费性生产""保护环境不受破坏的完整性"以及"节约资源"等缓解生态危机的对策，深化了我们对生态环境保护制度的理解。2011 年《国务院关于加强环境保护重点工作的意见》中正式提出了"生态红线"概念，具体规定了红线区域和任务。2012 年由生态环境部牵头组织召开了生态红线划定试点启动会，将内蒙古、江西、湖北、广西等地区作为试点区域。2013 年习近平总书记再次强调了生态红线的重要性，彰显了保护生态环境的决心，任何人、任何企业都必须严守生态红线制度，如越雷池一步必将受到惩罚。①生态红线是生态环境安全的底线，也是能否顺利推进生态文明建设的根本保障。"生态红线"警示制度的确立，创新了我国生态环境保护的制度内容，它的实质是生态环境安全的底线，具体而言是生态功能保障基线、环境质量安全底线、自然资源利用上线。②"生态红线"说到底，就是通过严格的生态环境保护制度，进一步保障生态

① 中共中央宣传部：《习近平总书记系列讲话读本》，人民出版社2016年版，第236页。

② 李干杰：《"生态保护红线"——确保国家生态安全的生命线》，《求是》2014年第2期。

功能，提高环境质量和合理利用自然资源，从而促进经济、人口与资源的平衡，实现人与自然的和谐共生。

1. 避免浪费性生产的生态功能保障基线

阿格尔反对浪费性生产，认为过度生产的趋势是浪费和有害的，这是阿格尔对异化消费根源的探索之路。阿格尔对资本主义工业化大生产进行批判，认为资本主义为了实现利润的最大化，不惜扩大再生产，生产出社会的非必需品，而为了让生产的商品实现利润，不惜诱导人们过度消费，于是产生了异化消费，资本家用赚取的利润继续扩大生产，出现恶性循环，阿格尔提出的避免浪费性生产其实是对异化消费的控制，当然因为阿格尔的理论局限性，他没有看到造成异化生产和异化消费的真正的根源，所以他的企图避免浪费性生产的想法最终不能解决生态危机。但是，阿格尔的“避免浪费性生产”论断是应对生态危机的重要思想来源，对于我国从生产模式上审视生态功能保障基线具有现实意义。

生态功能保障基线是“生态红线”制度设置的核心之一，是为自然生态系统服务而制定的红线，在保障国家和区域生态安全中凸显其重要作用，在生态敏感区、生态薄弱区、生态脆弱区和生态功能区划定空间，构成最小生态保护空间，这是对生态功能的保护并以强制性手段保障生态安全，遏制生态环境的退化，确保生态功　能保障基线的权威，凸显了政府在生态环境监管方面的重要作用，保障了生态环境监管工作的效果，实现了生态安全保障和生态治理工作的重要性，有效推进中国特色社会主义生态文明建设的顺利开展。

面对着生产与环保双重任务，生态保障是基础，生态功能保障基线是保障生态良好发展的根基。生态功能保障基线，是希望通过空间管制的实施、约束制度的保障、控制逾越行为的力度，调整企业或个人的生产行为，建立可持续的生产模式和消费模式，加快经济发展方式转向生态型模式，使生态制度转向法制化约束，从而提高经济社会的发展效益以及保障经济社会发展的质量，促进我国经济社会更富有健康发展的活力和竞争力，加速我国可持续发展战略发展，推进生态文明建设的整体运行。避免浪费性生产的生态功能保障基线，需要政府落实生态环境保护监管制度，政府对于各企业的运营状态、运营情况要全面了解、关注，任何企业的生产活动如若以牺牲生态环境效益为代价必须受到严厉惩罚，对于破坏或者有损生态环境的企业订立企业“黑名单”名册。对“黑名单”名册中的企业重点监管，令其限期整改，整改后复审，如果审核不通过就不能从“黑名单”中移除，进一步给“黑名单”企业施加压力，通过对企业生产方式的监管使企业建立生态环境保护的信用体系。对于坚持绿色生产的企业要多鼓励，在年度评优、业务招标等多方面给予最优惠待遇，依托政策的支持激发企业内在的积极性和主动性，通过政府部门的监管规范企业生产行为，推进企业向生产的生态化、绿色化发展。同时，建立科学的生态补偿机制，以往环境零成本，任何破坏、开发、开采手段都无人监管，加深了经济发展与环境保护之间的矛盾。现在政府综合运用价格、财税、金融等多种经济手段监管，坚持“谁破坏生态环境谁恢复完善”“谁从自然资源中收益谁综合补偿”等原则，强化公平、公正、合理的生态补偿机制，用制度监督生产保护生态环境，提高整体环保意识，确保生态文明建设的顺利推进。

2. 保护环境不受破坏的环境质量安全底线

阿格尔认为发达资本主义国家的主要危机是生态危机，在如何缓解生态危机的问题上，阿格尔提出了一些对策思路，其中强调要摒弃异化消费，保护环境不受破坏，确保环境的整体性等，这种论断是阿格尔应对生态危机的生态主张，体现了其生态保护决心与生态底气，任何生产和消费如果对环境有害都是异化的，都是违背历史规律的，这是阿格尔生态思想的彰显。

环境质量安全底线是我国“生态红线”制度设置的红线之一，是从维护人体健康和人民居住环境安全的实际需要为出发点，严格执行最低环境管理限值。在这里，质量是关键词，以人体和人居环境健康为生态保护的对象，从制度、体制和机制等方面着手，建立严格的管理，绝不允许逾越底线，任何企业或个体有逾越行为，必将受到惩罚。环境质量安全底线展示了党和政府对环境保护工作的底线思维，严守这条红线，任何人不得越界，这是维护国家生态安全的需要，也是经济社会发展的必然选择。

我国在推进“五位一体”总体布局的实施过程中，强化环境质量安全底线这条红线意义深刻，效果明显。环境质量安全底线具有丰富的内涵。首先，这条红线彰显了我国生态文明建设一切为民的思想，它的目的是保护人民和人居环境的健康，这也是社会主义制度下生态文明建设的制度优越性的体现，我国社会发展一切为了人民，一切依靠人民，只有从人民幸福的福祉出发，才能够有效攻坚克难、凝心聚力发展生产力，保障环境质量安全，并服务于民；其次，这条红线显示了我国生态保护的底线思维，任何逾越破坏行为都要追责，通过多方面、多渠道创新监管模式，避免监管混乱、政策交叉和生态系统完整性遭到割裂等诸多问题，促进生态效能、严守环境质量安全底线；最后，在责任认定方面，设定最低环境管理限值，更具有科学性地根据国家和各省相结合的方式划分，根据各省份自身实际，确定保护环境的最低限值。① 这样的效果是既凸显了国家生态保护红线布局的完整性，又强化了地方的主体责任，也显示出我国环境质量安全底线非常明晰化。环境质量安全底线是从我国国情出发，从推进政府对于生态环境的监督和管理出发，促进经济、生态与社会的和谐发展。而政府对于生态环境的监管力度如何，是否能够充分发挥政府职能，需要国家健全环保法律法规，将法律、经济、技术和行政管理等综合手段运用在保护环境上，明确监管职责，并通过组织领导、环保投入及队伍建设等多方合力，推进政府监管工作的顺利进行。具体地讲，就是政府部门在落实生态环境监管工作过程中要认真履职，科学划分行政区域内部关于生态保护的分担区。主管部门统一负责监管，科学制定规划，合理调配资源，提高监管效果。政府需要充分发挥政府职能，认真监管好下级政府部门的生态环境保护工作，逐级落实好对于生态环境的保护，提升对生态环境保护的实效性。

3. 节约资源的生态资源利用上线

在阿格尔那里，无限扩大的消费自由和不受节制的消费欲望在现实生活中会造成人与自然的抗衡，这种消费模式终究超越了自然界的承载界限，势必导致资源枯竭和环境危机，进而引发深刻的生态危机和社会危机，由此，阿格尔提出缓解生态危机应对策略，其中减少消费，节约资源是其重要思想之一。阿格尔的“节约资源”的思想渗透了一些关于生态资源保护的底线思维，只不过阿格尔只是应对生态危机提出了一个想法，没有具体的实施内容

① 王金磊，吕瑶：《习近平新时代生态文明思想的逻辑思路》，《湖南社会科学》2018年第4期。

和途径。

在“生态红线”警示制度中设置生态资源的利用上线，是资源保护的一项制度举措，它以促进资源能源节约为出发点，保障能源、水、土地等资源安全利用和高效利用的最高或最低要求。①生态资源利用上线是衡量资源水平的标准，它反映资源保护与经济发展之间的关系。严守资源利用上线，切实转变毫无节制开发、利用自然资源竭泽而渔、杀鸡取卵式的发展方式。

中国生态资源利用上线的设置，是在尊重社会经济发展的基本要求前提下，与环境资源的承载能力相一致的生态环境保护思想的彰显。生态资源利用上线是衡量资源水平的标准，特定经济社会发展目标下使用的资源消耗总量、资源结构和单位国内生产总值能耗等。它反映的资源保护与经济发展之间的关系。改革开放四十多年，我国经济增长速度显著提高，城镇化发展不断提升，资源短缺、能源消耗依然是社会转型时期中国面临的生态挑战。生态文明是以人与自然和谐共生，社会健康、持续发展为宗旨的发展模式。从党的十七大报告到党的十九大报告都对“建设生态文明”进行了重要的阐释，这是中华民族面对全球日益严重的生态环境问题给予的正面回应。当前中国在环境保护的程度以及资源开发上都存在较大的差异，主要表现在环境资源破坏较为严重，社会公众生态环境保护意识不强，法治不健全，生态投资不足等。深究其原因，还是对生态文明建设理解得不够透彻，贯彻得不够全面，同时也是生态环境治理体系和治理能力存在不足，在生态资源红线的管控上存在短板。各级政府在监管过程中要严格制定考核体系，细化监督制度指标，对于生态环境保护工作的落实情况随时监视考评，切实推进生态环境保护的高效有序开展。依法保护生态环境最为重要，实现生态环境保护的法制化最为必要，法制是社会文明的象征，用法律来促使社会公平公正，同时也用法律来强化人们的环境保护意识，规范人们的环境保护行为，只有这样，才能确保生态资源红线实施到位，这是推进“五位一体”总体布局的有力保障。

总之，美丽中国的“绿色发展”理念、“五位一体”的总体布局、“生态红线”警示制度等，作为对人类工业文明发展方式的反思和超越，在汲取人

① 《解读<国家生态保护红线—生态功能基线划定技术指南（试行）>》，《中国资源综合利用》2014年第2期。

类不同文明生态研究优秀成果的基础上贡献了中国方案，当然不乏作为生态学马克思主义代表人物的阿格尔异化消费理论的深刻启示。

第三节　阿格尔异化消费理论强化了对美丽中国生态人格的培育

阿格尔分析异化消费时强调异化消费中的人是异化的，是不自由的，异化消费阻碍了人自由而全面的发展，其理论精华对于社会主义国家生态人格的培育，对于从总体上推进整个社会的健康协调发展具有启示价值。生态人格是在人与自然关系的形成过程中，作为生态主体对于人与自然关系的认识和理解所体现的品格和资格的统一，是生态主体存在过程中所具备的尊严、良知、价值和责任的综合体现，是个体人格在生态方面的彰显。生态人格的形成满足了美丽中国建设中关于对“人”美的要求，也是美丽中国建设过程中的长久保障机制。中国特色社会主义生态人格的培育是与生态文明相适应的全新人格样式，是生态危机背景下人们对生态价值的崇尚，对生态精神的坚守，也是生态文明建设成败的关键。明确生态人格目标、构建生态人格以及培育生态人格是塑造生态人格的关键，也是实现人格净化、促进人自由全面发展的保障。

一、生态人格目标

生态人格是环境道德素养内化为人的道德良知后形成的一种道德发展态势，是在人的全面发展过程中对道德人格的更高要求，它将人与自然的关系纳入道德人格的系统中。塑造生态人格的目标是实现人与自然关系的和谐，促进人的自由发展以及实现人的平等合作，生态人格形成的过程中也是唤醒人性中的生态意识和生态良知的过程。

1. 人与自然关系和谐

从生态人格的内涵上看，生态人格是在人与自然的关系中探讨人格的形成过程，那么生态人格的目标的形成必然是实现了人与自然的和谐关系；从生态人格形成的目标看，是具备生态尊严、责任和价值的个体；从生态人格的资质看，生态人格的形成过程是以生态观的视角审视具有生态良知资格和品格的个体。可见，人与自然的和谐是生态人格具备资格和品格的前提和基础，只有尊重自然、顺应自然，才能具备相应生态意识。

阿格尔对资本主义人与自然的矛盾关系进行阐述，认为资本主义社会，资本家追求高额利润，不断扩大对自然界资源的掠夺，诱导人们异化消费，直接导致生态恶化，甚至辐射与干扰到人的精神领域，凸显人与自然之间的矛盾。异化消费的过程，阻碍了人自由全面的发展，使人丧失了人的类本质的存在，人成了异化的人。阿格尔认为只有变革资本主义的生产方式，建立人与自然的和谐关系，人与自然的尖锐矛盾才能从根本上剔除。

建设美丽中国，是一场涉及生产方式、生活方式、思维方式和价值观念的多重变革，是一场根本性变革，培育中国特色社会主义人格是美丽中国的长久保障机制。生态人格的形成以人与自然的和谐关系为基础，人与自然的和谐关系是人与人和谐关系以及人与社会和谐关系的前提。在琳琅满目的商品刺激下，如何做到理性消费、科学消费，人类如何消费才能够尊重人与自然的和谐关系，这是具备生态人格的消费主体在进行消费前的理性思考，因此，具备了正确的生态良知是生态人格形成的前提。正如习近平总书记强调的那样，人要利用自然，人也要呵护自然。关于如何促进人与自然的和谐关系，首先，人的一切活动要以尊重自然规律为基础。人与自然界的万事万物都是独一无二的，不可复制的，他们都是平等的，非主从关系，不存在征服与被征服的关系，自然界的任何一种生物无论对人类能够创造多少价值，都应该受到人类的尊重。人类真正的自由是知行合一，任何对自然界有能力的改造都必须以尊重事物的客观规律为基础。正如恩格斯说的，“我们统治自然界，决不能抱有征服自然的野心，不能像征服统治异族人那样。”[①] 马克思反对人类破坏自然界的行为，认为如果人类长时间驻足在物质享受上，长此

① 《马克思恩格斯全集》（第4卷），人民出版社1995年版。

以往必然会造成过度消费和恶性消费，从而危害到自然环境及人类本身。其次，人与人的解放是人与自然关系缓和的基础。人与自然的不和谐关系探其原因终究是社会问题造成的，是人在社会实践过程中所形成的不和谐的人际关系的真实反映。在马克思看来，“人类与自然界发生的任何异化现象都会在自然界跟另一些与他不同的人发生的关系上体现”。在马克思那里，自然、社会以及人类的解放三者之间是有机统一的关系，自然的解放是社会解放和人类解放的前提和基础。只有人与自然的和谐发展，有了和谐自然的基础，才能够满足人的物质需要和精神需要，人才能真正成为人本身，人才有了驾驭自然的能力，才能真正成为自己的主人，也才有了人类的类本质的存在，最终实现人与社会、人自身的真正解放。从这个意义上讲，人不能凌驾于自然之上，人与自然的关系应该是和谐统一的，人与自然关系的和谐是人与人关系的和谐和人自身的和谐的基础。

2. 人的自由发展

人的自由发展是生态人格培育目标之一，生态人格形成的终极目标就是实现人的自由发展，这是一个人真正意义上的解放，不受任何物的束缚，也不受任何心的牵绊。马克思认为，人的自由发展是指人在生存和发展的过程中不受阻碍地、最大限度地发展。培育健全的生态人格就是希望实现人的自由全面发展，促进人的能力、社会关系、个性等方面的协调一致、全面发展、没有限制，内部之间相互依赖、相互促进。在整个劳动过程中摒弃人格依附性、个性模式化、非自由化状态等异化状态，不受任何外在目的的压迫，依据个人的兴趣、爱好，自觉、自主、自愿地发展，成为自我发展的主体。

阿格尔在阐述异化的人的形成过程中，认为异化消费破坏环境、扭曲人性，更在长远上影响人自由而全面的发展，阿格尔强调自由而全面的发展是希望人们摆脱逐渐沦为“物的奴隶”的依附性，重新寻回迷失了的人的主体性，最终摆脱异化状态。阿格尔看到资本主义为了扩大再生产满足自身利益最大化的结果，必然会有消费主义生存方式相匹配，资本家将人们的需求引向商品消费中，由此控制人的内心世界，人们在劳动中整个过程都是异化的状态，人是异化的人。① 从根本上说，资本主义的异化消费是由异化劳动所致，人们在闲暇时间所依赖的消费行为正是为了弥补那种非创造性的劳动过程带来的痛苦和失落。② 可以看出，异化消费不但加速社会的异化而且束缚了人的自由全面的发展。从这个意义上，解决生态危机的关键是彻底消除工人劳动的异化状态。阿格尔认为，工人的异化是由"自己的劳动产品"成为他的"异己的对象"这一过程造成的。对于工人来说，就必须超出他们目前在生产和消费中所担当的有限角色去深度思考，把人的需要从支配中解放出来，这种需要必然体现在对潜在自由的真正理解。他认为，这种解放的需要包含在人们认为自己是社会存在的、潜在的自我管理者这一观念中，人们如果不与自我解放的积极需要相联系，那样仍然是痛苦，不会成为要求社会主义变革的明确表达方式。③ 人类真正的解放最终是把人的世界和人的关系返还给人自身。

如何实现人的自由发展，这是形成生态人格目标过程中我们应该思考的现实课题。首先，社会通过人文关怀鼓励个体追求真理，鼓励个体通过受教育开启人生的新境界。社会需要积极关注个人的内心需求和对美好人生的期盼，营造自由的而不是受限制的社会氛围，引导个体对人生意义和价值理念的深切体验，及对世俗功利的超越，唤醒、提升人性深处对完美个性形成的热切期盼，用自由个性人格引领和感召个体，帮助树立正确的价值观，使每个人的人生境界在追求人格理想的实践中不断升华，形成生态人格。其次，个体坚持全面发展，同时注重特色并且又不失本质的发展。生活在当今社会中的人，需要为生存发展提供充裕的物质条件，健康充实的精神生活，以全面方式发展自己，注重个性解放。每一个独立个体的解放，造就了社会的解放。再次，促进物质生活与精神生活协调一致的生活状态。一味享受物质生活，精神生活自然会贫乏，长此以往，会造成个体的身心失衡，身心失衡的结果就会出现心理疾病或生理疾病，人在灵魂深处无家可归，道德缺失，社会责任感缺乏。物质和精神的双愉悦是客观与主观统一的发展状态，是人的生理方面与人的精神状态、人的主观个性等方面的协调，互相促进、互为补

---

① 舒玲：《关于生态学马克思主义"异化消费论"的哲学考量》，《武汉科技大学学报》（社会科学版）2011年第10期。

② 赵卯生，杨晓芳：《马克思主义的重建与人的解放》，《中国人民大学学报》2010年第5期。

③ ［美］本·阿格尔：《西方马克思主义概论》，慎之等译，中国人民大学出版社1991年版。

充，在此基础上修炼人的完美人格。最后，注重对物欲横流社会的生存方式的反思，这也是人对自我的再认识、再理解、再升华，也是人格追求的出发点和归宿。阿格尔异化消费理论蕴含的资本主义社会中的人被物所奴役，对人的个性是一种束缚和压抑，这种状态下谈不上人自由的发展和实现。只有当外部世界对个人的才能起促进作用并且被人本身所驾驭的状态下，才是实现了人的自由发展。美丽中国建设过程中需要大力弘扬个性化发展，促进人的自由，让个体具有主动和创新精神，站在时代发展的前沿，以唤醒每一个人将自己作为社会实践主体的责任意识，使个体以高度的责任感和使命感参与到市场竞争的实践中去，自我发展、自我创新，发挥个体的独立性、主动性和创新精神，使个体的主体力量彰显出来，真正做到人的自由发展，进而促进社会协调进步。

3. 人的平等合作

人的平等合作是生态人格目标形成的社会基础和基本保障。人是社会的产物，人的生存、发展离不开一定的社会关系，所以在人与人之间的交往过程中建立平等、合作与和谐的关系，才能够缓解生存的压力，才能够减少人与人之间的矛盾，才可能形成健全的生态人格。社会主义国家人与人之间是平等的关系，人与人之间平等地处理社会性事务，不存在任何人凌驾于谁之上的情况，因此，社会主义国家为人的平等合作提供保障。

在资本主义制度下，人与自然的关系是金钱关系，这种金钱关系异化了人与自然紧密联系的固有关系，将自然开采到支离破碎，阿格尔从人与自然关系的问题上揭示了资本主义工人与资本家的矛盾问题，也从人类劳动之余的异化消费问题暴露了劳动者之间的冷漠、僵化的人际关系。阿格尔在面对生态危机的问题上没有仅仅停留在探讨人与自然矛盾的关系层面，而是透过人与自然的矛盾关系揭示了人与人之间的矛盾。

关于如何建立人的平等合作关系，首先，对于整个社会而言，各种自然资源都是公平公正分配的，这就决定了在大自然面前，任何人不能高人一等，更不能凌驾于自然之上，这是人在自然面前具备基本道德素质的表现，是每个人的人生境界在追求人格理想实践中的升华，人与自然的关系不仅是索取和享受，更是在改造自然界的同时改造自己，实现自我的全面发展。[①] 其次，建立人与自然的和谐共生关系。人与自然的关系是基础，决定着人与人之间的状态，同时，人与人之间的关系也影响与作用着人与自然的关系。马克思和恩格斯认为“人们对自然界的狭隘的关系造成他们之间狭隘的关系，而他们之间狭隘的关系又制约着他们对自然界的狭隘的关系”。可见，马克思、恩格斯清晰地认识到人与自然关系的互动过程，追根究底，生态危机不仅仅可以从人与自然之间的价值关系中去寻找根源，而且可以从人与人之间的关系中找寻，了解人与人之间内在纵横交错的关系，从而在破解人与人关系中去化解人与自然博弈的非和谐性与非合作性。再次，人与人平等相待，本着理性、包容、有爱、真诚的态度处理人与人之间的关系，互尊互敬、互谅互让，彼此成就，共谋发展，这是人的社会属性的反映，通过社会平等合作的融洽关系唤醒每一个个体将自己作为社会实践主体的责任意识，并以高度的责任感和使命感参与到社会分工与协作的实践中去，通过发挥个体的主体力量参与社会合作进而促进社会发展。最后，在生产过程中体现人与人之间的平等合作关系，社会主义制度的优越性也是体现于此，社会主义国家的公民都是平等的，任何人、任何企业，不管是公有制还是私有制，内部都是平等的，企业的领导者不能以任何借口剥夺员工的基本权益，任何人不能以任何权威为由凌驾于人之上。人的平等合作，也是社会主义核心价值观的基本体现，是生态人格形成的保障。中国作为发展中国家，需要建构一个科学、文明、和谐的生产和消费观，真正的幸福来源于人的内心的满足，而不是虚浮的消费。只有人的平等合作，才能促进个体内在和谐、人与人之间的和谐以及人与社会之间的和谐，人与自然的关系才有可能和解，才能在“人与自然的和解”“人与人之间关系的和解”的过程中推进生态文明建设。

二、生态人格构建

生态人格是美丽中国建设的必然选择，也是实现美丽中国的永久保障机制。生态人格是对“单向度”人格的摒弃，也是建立在生态理念之上的人的道德感、责任感和行为方式的综合体现。在阿格尔的启示下，在美丽

① 张亚丹：《大学生思想政治教育价值论》，人民出版社2017年版。

中国建设过程中提升生态道德观、加强生态责任感以及形成生态消费方式对于构建生态人格尤为必要，生态人格的构建是一个系统工程，需要长期不懈的努力。

1. 生态道德观

生态人格是指个体具备稳定的生态道德品质和生态道德情操，体现在处理人与自然的关系上始终保持伦理关爱和道德关怀。因此，生态道德观对于构建生态人格非常必要，是人们在与自然交往的过程中，自觉尊重自然，承认自然界的内在价值，使人的各项活动都受到自身道德规范的制约，任何超越生态承载能力的行为都先受到自身道德的谴责，从而自觉规范和约束人的生态行为，生态人格最终形成是以道德主体稳定的生态道德品质为标准的。形成一定生态品质的主体，首先要具备一定的生态认知，生态认知的最初是对自然的粗浅的认识，随着人类改造世界的增加，生态道德认识和生态审美情感不断深化，人的外在体验逐步深入内心，这也是生态道德观和生态意识在人的内心不断从外在强化到内部约束的过程。

阿格尔的异化消费理论对于消费主义的价值观进行抨击，对于消费对自然的破坏行为和生态的污染进行批判，对依附于商品的人的异化品格进行揭示，启示我们要自觉尊重生态环境，具备正确的生态道德意识。我国进行改革开放发展到现在，仍有一部分人存在着错误的价值观，一度认为拥有物质的多少决定人的发展层次，甚至给“物质”冠以特殊意义，盲目地认可物质的符号价值，各种拜金主义、个人主义和享乐主义之风占据了主流思想，这些都是错误的价值观，对社会、对他人都是不道德的，这种不道德的消费观必然会造成人的目光短浅，一切向物质看齐，短时期内可能觉得自己风光无限，拥有较高的地位和层次，殊不知在长远意义上对个人和社会都是不稳定的，存在着相当大的隐患。拜金主义的盛行，使越来越多的道德失衡现象出现在消费过程和日常生活中，人们对道德标准如何把握，把握得不好甚至有一部分人的行为完全与道德标准背离，这对道德养成形成重大的冲击。我国正处于社会主义的初级阶段，处于美丽中国建设的关键期，公众生态道德水平处于什么程度直接关系到社会道德标准的高低，进而决定这个社会能否肩负起新时代建设美丽中国的重任。

人类社会的发展不仅仅是拥有充裕的物质生活，与之相匹配的道德建设也是非常必要的，树立生态道德观是对生态负责的体现，也是生态人格形成的关键所在。首先，通过系统、有组织的生态教育，提高人们的生态道德感和生态参与意识。对消费主体的生态教育一般采取的是对受教育者进行外部教育的灌输，通过外在方式的强化使之成为一种习惯，从而变成内在约束，受教育者主体将长期的教育内化为自身的思想意识和价值观念，以此约束自身不合规矩的行为，逐步养成良好的习惯，从而达到服务社会的目的。其次，通过受教育者自我教育，严格履行道德规范的制约，提升生态道德感。外在灌输只是一种手段而已，道德建设在某种程度上灌输，最终还依照社会主导价值观的要求有选择性吸收，所以大多情况下还需要受教育者自我教育这一过程，将外化的力量通过传输转化为自觉的行动。再次，积极投身到环境保护的道德实践中去，从日常生活的自我约束到引导社会公众选择生态行为，这是一个人的生态良知的体现。道德品质是一个抽象的概念，是在遵守基本道德标准的要求下，对应该遵守的规范标准给予更高的要求。现阶段的任务就是把社会发展对人的思想道德素质的要求作用在教育对象身上，使教育对象养成优良的品行，良好的素质。通过社会营造的良好氛围从小众群体的自觉遵守到拉动大众群体，进而提高社会整体的道德水平。最后，道德的不足与缺失需要发挥学校教育、社会教育的合力，通过合理的方式、科学的方法，谆谆教导、循循善诱进行社会主导价值观方面的教育补充，使教育者切实意识到社会的责任与个人的追求的统一，主动纠正思想的认识与偏差，避免过度消费。具备生态道德观的个体，在处理人与自然的关系过程中才能自觉尊重自然的规律，按照自然规律办事，在尊重科学的基础上，运用储备的消费知识来指导自己的消费活动。生态人格的体现是道德观念和道德实践双重作用的结果，是知行合一的道德人格的呈现。

2. 生态责任感

生态责任感是生态人格的集中体现，也是生态人格的保障。生态责任感与生态道德感紧密联系在一起。一般而言，拥有生态道德感的个体一定是对生态负责任的个体，而真正对生态负责任的个体一定是具备生态道德感的个体。具备生态责任感的个体，能够意识到每个人的生态行为与生态环境息息相关，会直接影响生态危机的发展程度。因此，在个体进行消费选择的时候自觉认识到消费行为不仅仅是个人的生活方式，也是个人履行社会责任的体现，这也是良好生态人格的呈现。

从阿格尔那里我们了解到生态危机源于人对自然界的过度索取，要引导社会公众认识到消费行为不仅仅是个人的事情，也是社会责任的体现。长久以来，人们一直认为消费等于私人之事，消费多少在一定意义上是自己的事情，他人无权干涉。当全球日益严峻的生态危机出现的时候，我们的生活受到了严峻的挑战，这是人们消费观念不正确的结果，但最重要的原因是人们道德责任感缺失的。全世界的人们都依赖于一个生态区域，地球是共同的家园，要想我们生存的环境可持续，就必须增强生态责任感。

消费不纯粹是个人的私事，“人们可以自娱自乐，但一旦步入消费，那就绝不是孤立的行为，人们会进入一个全面的编码价值生产交换系统中，在那里，所有的消费都不由自主地互相牵连。”[①] 生态责任感是缓解生态危机的必要手段，消费个体的生态素养不足，生态责任感存在偏差直接导致生态危机，必须加强公民生态责任感的教育。首先，转变消费是“私人之事”的思维方式。消费如果过度对于环境产生不利的影响，对于社会风气产生不良导向，那么消费就不是个人的事情了。人们的消费不仅仅关乎自己，也和他人、生态都密切相关，是责任和义务的相互统一。如果人人都没有社会责任感、使命感，觉得个人利益高于集体利益，消费时为所欲为，必然导致严重的后果。消费行为处于一个社会系统之中，把消费行为看成是自己的行为只是一个幻想而已，消费行为受市场供应条件的限制。也受社会制度分配和道德规范的限制，将消费看成是个人主观心理欲望的满足，一旦该消费行为超越自身的范围势必对他人、社会和自然界造成影响，根据自身的消费欲望和市场经济的资本逻辑来实施消费行为，势必影响资源配置公平，对生态环境和人的发展造成威胁。当然，对消费者进行道德方面的教育显得过于空洞、过于直白，如果大家都理解自己应该承担的社会责任，都明白个人利益应该服从社会和国家利益，当两者不能协调一致的时候，必须牺牲个人利益，个人切身利益受社会整体利益制约，没有社会整体利益，个人的利益就无法表

① ［法］让·波德里亚：《消费社会》，刘成富、全志钢译，南京大学出版社2000年版。

现出来，那么生态环境也会越来越好。其次，自觉维护社会公德的责任，作为一个文明的消费者，在整个消费过程中应自觉承担起维护社会公德、保护公共环境、促进文明风气等社会赋予的责任。作为一名成熟的文明的消费者，应自觉持有理性消费的责任。不要让消费成为生活的主旋律，不要被虚假广告等诱惑，被物所牵绊。最后，我们要具备制止炫耀浪费的意识，坚持文明消费。所谓文明消费，是我们在享受物质文明的同时，养成科学、合理、适度的消费习惯，对身边炫耀型、浪费型、摆阔型消费，适时抵制批判，为实现社会经济又好又快发展尽到我们的义务。社会生活的方方面面都与生态意识紧密相连，从日常工作、生活习惯等每一种行为上都能体现出人们的道德责任感和生态责任感。建设生态文明不是一句口号，而是人人都应该承担的社会责任，也是必须要积极履责和践行的义务。

3. 生态消费方式

生态消费方式是生态人格构建的实践维度，因为个体的消费方式是否生态化直接反映着其生态人格是否健全，进而直接影响着社会生态文明建设的进程。当今我们所倡导的生态消费方式不是非要人们回到节衣缩食、禁欲苦行的生活，而是推崇一种消费的生态化模式，这种模式在没有高消费、没有奢侈消费、不依赖符号消费的情况下同样能够满足人们自我价值的实现，同样能够感受到生活的幸福和精神的愉悦。生态消费方式是绿色发展方式和绿色生活方式的彰显，追求的是人的最大化的发展，这是社会进步的呼唤，也是全面建成小康社会的必然要求。

阿格尔揭示了异化消费的消费模式以追求物质为载体，相信消费越多越享受，丝毫没有考虑到消费所引起的道德问题、生态问题和相关社会问题，这种过度消费的模式势必加剧生态危机。阿格尔对异化消费后果的揭示，启示我们要建立生态消费方式。我国是一个人口基数庞大的国家，当全国人民都大规模消费时，后果不敢想象，我们的生存环境已经受到严重污染，如果不改变过度消费模式，我们需要为经济的快速增长付出高额的环境代价。

异化消费对自然资源的破坏和对现代文明水准的挑战决定了消费模式在消费活动中具有不可或缺性。因此，构建生态消费模式至关重要。首先，在消费选择上推崇理性消费。我国在解决温饱后，居民的消费逐渐从吃饱、穿暖转向注重消费的质量，提高生活舒适程度，优化消费环境，这些是公民基本的和正当的权益。所以，我们强调的生态消费方式并不主张降低消费水平，主要还是靠消费者的理性消费来抉择，在受到消费诱惑的时候理智对待，选择自己真正需要的产品，建立一种健康的、绿色的、和谐的可持续生活方式。其次，控制永无止境的欲望，做一个精神富足的消费者。消费者要突破狭隘的小我，在与大自然和谐共生中获得真正的自我。人的幸福感是建立在生态需要的满足上，而不是非要通过异化消费方式来获得满足感和幸福感，这就涉及了一个人的道德素质和责任感，一个真正充实且精神富足人的培育。一个真正文明的人，一个内心充盈的人不是通过消费来获取幸福，而是拥有由内而外的满足感，这是生态人格最高境界的表现。事实表明，幸福与否与消费多少没有直接的关系，其实，消费者在奢侈消费过程中异化了人的真实需要，表现出的只是“为了特定的社会利益而从外部强加在个人身上的那些需要—是虚假的需要”①。最后，坚持绿色生活方式，自觉践行生态消费。自觉参加绿色公益和相关志愿服务，传递生态消费理念，推动生态消费的社会氛围；自觉构建生态消费方式，从垃圾分类、绿色产品的选择、坚持节能减排生活习惯，自觉践行绿色低碳生活方式，做到简约适度，文明消费。生态消费方式追求人与自然的和谐，要求人的一切活动以尊重自然为前提，建立人与自然的共生关系，实现生态文明。如果人类仍然一意孤行，不遵循生态消费方式，意识不到问题的严重性，任由异化消费方式发展下去，势必造成人与自然的关系的破裂，最终会遭到大自然的报复，造成生态恶化，人类丧失家园，走上一条不归路。

三、生态人格培育

阿格尔异化消费理论对引导人类在社会发展过程中生态人格的构建和培育具有一定的借鉴价值。生态人格培育是一个系统工程，是美丽中国建设对个体存在和发展的内在要求，需要从学校、家庭和社会三个渠道着手，其中家庭教育是基础，学校教育是整个教育的关键，社会教育是家庭教育和学校教育的延伸，三个方面互相促进，形成合力。因此，强化学校生态哲学教

① ［美］艾伦·杜宁：《多少算够—消费社会与地球未来》，毕聿译，吉林人民出版社1997年版。

育、注重家庭消费习惯养成以及加强社会消费方式的引导，确保全方位、多角度培育生态人格，以期规范人类的消费行为，实现社会和谐统一。

1. 强化学校生态哲学教育

生态哲学教育是教育者以倡导人与自然和谐相处为基本教育内容，传授生态理论与生态知识，培养受教育者尊重自然、爱护自然的生态理念，使个体充分认识到自身行为与所栖息的环境相连，个体行为直接影响到所在地自然区域环境的承载力，以促进受教育者自觉践行生态行为，逐步形成生态责任意识和生态道德情感。中国作为一个发展中国家，由于追求经济利益的迫切性和生态哲学教育的缺失性，导致我国学校生态哲学教育总体力量不足。学校是获取知识最系统化、全面化和规模化的主阵地，是对受教育者实施教育的主渠道，教育要与时俱进，强化学校生态哲学教育是我国教育工作上坚持立德树人根本任务的一个新要求、新任务和新方向。在这里，强化学校生态哲学教育主要是在学校育人过程中把生态人格的培育作为教育工作的任务之一，加强环境保护教育和宣传，将可持续发展思想落实到学校的教育理念、教育内容和教育活动等各项工作环节之中。将生态哲学教育深入到学校教育中，是遏制环境恶化，实现可持续发展的重要一环。① 离开学校主渠道的教育作用，系统掌握某一些领域的知识还是比较困难的。学校生态哲学教育的终极培养目标是受教育者具备生态人格。

加强学校的生态哲学教育，主要从以下几个方面展开：第一，专门设计适合不同教育阶段的生态哲学相关课程。学校适时开设专门的生态哲学课程，采取普及性与提高性结合，根据教育对象的实际情况，探讨、归纳、总结，逐步形成一套具有实践性和操作性的基本课程。通过对理论知识的直观讲述，让学生详细了解生态文明基本国策及生态哲学的相关知识。第二，加强学校的课程体系建设，增加生态哲学教育的课时和分量。在一定程度上增加生态哲学教育课的课程比重，可以弥补生态哲学教育在学校教育中的缺失，使学生在学习各门学科知识的同时，接受生态文明观念的熏陶和培育，从而提高生态保护的意识和能力。② 第三，学校加大对第二课堂的指导，积

① 姚永利：《生态消费问题研究》，东北林业大学博士学位论文，2007年。
② 刘贵华：《论教育在生态文明建设中的基础作用》，《教育研究》2013年第12期

极开展社会实践活动课，让学生更直观、更切实地了解生态哲学的意义和重要性，注重第一课堂和第二课堂的有效结合，在第一课堂的基础上发挥第二课堂的功能，培养学生绿色消费意识。第四，建立生态实践教育基地，定期组织学生参加实践活动，重点调研居民生态消费的现状及专门了解市场上供应的生态产品。第五，学校以“生态人格”形成作为重要培养目标，将生态哲学教育内容融入整个学校教育的工作体系中，从教育的理念到教育的内容再到教育实践都能够彰显生态哲学的印迹，注重培养学生知行合一，从自我做起，从日常生活和学习做起，行胜于言。生态哲学教育最终培养的是具备生态人格的人，这是人的终极发展目标的重要表现。培养一个完善发展的人，就是实现人与自然和谐，人与人之间和谐以及人的个体和谐，所以生态哲学教育的培养目标是包含在人的教育目标之内的。

通过学校这一特殊场所实施生态哲学教育要注意以下三点：第一，教育的连贯性，从娃娃抓起，小学、中学、大学连续培养；学生的生态哲学教育注重从娃娃抓起，这是培养公民素养、发展人文科技的基础，也是保持和传承人类传统文化成果，满足人的全面素质提升的有效渠道。第二，教育的实效性。可以从部分专业或部分学生进行试点学习，分期分批逐步实行学习的全覆盖，扎实进行教学改革，加强课程建设的实效性。第三，教育的创新性。结合课程设置、学科特点进行横向联系探讨，重点从教学模式、方法上进行探索；从培养能力及复合型培养等方面进行摸索，逐步抓住教学规律，促进课程的深入开展。从人与自然关系的角度看，教育是以人类的本体自然为对象，改造体外自然的实践活动。教育实践是人与自然和谐关系的桥梁和纽带，是解决人与自然灾难性对抗的生态危机的途径，这些都需要诉诸教育实践的伟大力量。学校教育在人与自然复杂的关系上扮演着重要的角色，具有不可替代的作用，学校教育承担着解决生态危机、推进生态文明建设的重任。

2. 注重家庭消费习惯养成

家庭是社会的细胞，是消费的一个重要场所，家庭日常消费习惯、消费行为、消费观念潜移默化影响着个体消费观的形成，对于个体消费观的形成有重要的影响。在一个家庭中，父母的消费行为、习惯和观念在个体消费习惯的养成过程中起了决定性因素。如果这个家庭父母的生活奢靡化、拜金化，以奢侈消费、享乐主义彰显自己家庭的优越性，那么这个家庭培养出的子女的消费观念也是物质化的，“物化”的消费观直接影响人的价值观和人生观。所以，培育家庭良好的消费习惯，对于个体形成健全的生态人格至关重要，能够促进个体自身价值的实现和全面发展，孕育个体自我完善和发展的整个过程。

一个家庭的总体消费习惯又影响着整个社会消费的导向和风气。经济的快速发展，体现在家庭的消费水平上，呈现出丰富多彩的消费内容和消费特征。改革开放以来，经济发展水平不断提高，人们的生活水平也逐步提高，随之而来的是一些家庭出现奢侈消费、炫耀消费等异化消费现象。事实上，究竟一个家庭每天摄取多少卡的热量，花费多少货币才不算是“异化消费”，确实很难给出一个“合适的”量纲。但是，我们反对以牺牲广大人民群众的利益和子孙后代的生态权利为代价来换取少数人享乐与发展需要的满足；[①]家庭不良消费习惯对于社会生态环境的压力，对于社会风气的不良导向，对于社会主义核心价值观的冲击都有影响。良好的家庭消费习惯可以帮助每个家庭在物欲横流的商品社会里保持理性消费，真正获得高质量的生活，家庭形成良好消费习惯对于整个社会良性发展都起着推动作用。因此，注重家庭消费习惯是教育的一个很重要的环节，如果不从家庭的消费习惯开始改变，就不免带有某种意义上的说教性质了。

规范家庭消费习惯，是自觉将人的生活方式纳入大生态系统之中，接受生态系统对人类生活方式的反馈与检验，建立适度合理、非铺张浪费，也非节衣缩食的生活方式，始终保持消费行为与生态系统的协调一致。首先，从维护生态的角度摒弃一次性消费行为，注重循环消费。日常家庭消费中，从主动购买环保商品、可循环使用商品开始，减少一次性商品的使用，做到适度消费。如少使用空调，少使用一次性用品，少使用小型汽车等。其次，注重商品的核心价值而不是其附加价值。对于过度包装、奢侈包装等尽量一切从简，过度包装往往利用华丽的外表来误导消费者购买并非真正需要的产品，而过度包装增加了产品的附加值，对自然更是一种负

① 刘湘溶：《转变经济发展方式的人本取向》，《新华文摘》2010年第2期。

担。再次，注意生活细节，做到节能减排。从生活小事做起，购买节能型家用电器，注意生活细节，减少碳的排放量。最后，注重精神追求，制止炫耀浪费。我们在享受物质文明的同时，养成科学、合理、适度的家庭消费习惯，对炫耀型、浪费型、摆阔型消费适时抵制批判，尽可能自觉发扬勤俭节约的中华传统家庭美德，反对奢靡浪费，注重精神生活的富足，从对物质生活量的追求转向质的追求，这样的家庭往往趋向于健康的、高层次和高水平的精神文化消费。养成家庭良好的消费习惯不是要人们回到节衣缩食的生活状态，而是倡导从每个家庭做起，自觉保持日常生态文明行为的常态化、常识化，从不浪费粮食、节约用纸到过时衣服的再利用等小事做起，自觉减少对生态环境的压力。

3. 加强社会消费方式引导

社会消费方式的引导是学校和家庭之外消费方式的再教育，是家庭教育和学校教育的延伸，也是家庭教育和学校教育的有利补充。加强社会消费方式的引导，对于提升整个社会公民的生态素质，培育健全的生态人格，形成生态消费社会风气，进而培育社会主义核心价值观都具有重要意义。

目前我国社会对消费方式的引导还不够完善，不够规范。主要表现在两个方面，一方面，大众传媒在消费方式和消费文化引导上的正面宣传不够。大众传媒作为社会宣传的媒介，本应该对推动消费文化向积极、健康的方向发展，但大众传媒在对消费方式的引导上，经常与学校消费教育的内容不一致。大众传媒对产品所作的修饰性或告知性的展示及所传递的充满消费导向的表达，为了商业利益而进行的夸张性报道，都在一定程度上刺激了人们追求潮流，产生消费的欲求。同时，大众传媒塑造了商品的符号价值，将商品符号与个体的身份对接，也就是说，人们越是追求商品符号本身，似乎愈发拥有了身份与地位。另一方面，倡导生态消费的社会舆论和监督机制不足。针对生态文明建设，我国目前的相关舆论宣传平台还不相协调，奢靡浪费没有相应的监督机制，奢靡浪费的举报和取证、执行等工作都比较困难。全社会范围内尚未形成自觉遵守生态消费的氛围，即便是有环境法律，立法质量也大打折扣。

美国伦理学家R.T. 诺兰（Richard T. Nolan）说过：“只有彻底改革个

人的生产方式、生活方式和消费方式，才能符合道德以及符合现实地解决我们的问题。”① 推进消费方式的生态化是一项长期的任务，社会在消费方式的引导上扮演着重要的角色。首先，加强大众传媒在消费方式的正面引导很有必要。运用广播、电视、杂志及报纸等多种载体传递生态消费教育信息，广泛宣传和谐消费、理性消费，明确告诉人们哪些消费是过度的、奢侈的，哪些消费才是品质消费，潜移默化地将生态消费观念渗透进社会及大众生活的方方面面。其次，凝练人文精神，增强整个文化建设的感染力。社会培育公众从高度的责任感出发，充分利用生态纪念日等特殊载体传递生态教育信息，比如在“世界地球日”“世界环境日”“世界土地日”“世界水日”等重要时间节点，定期开展生态消费理念知识讲座，普及生态保护知识，开展群众喜闻乐见的有关生态文明宣传教育和主题科普活动，渐渐地影响消费者的价值选择和消费方式，提高生态消费教育的效果。再次，通过媒体塑造榜样典型，榜样具有感染、激励、号召以及引领作用。心理学研究表明，人类的大部分行为是通过日常观察、学习效仿、借鉴完善以及深入模仿等方式来完成的。通过榜样的力量，以其富有感召力的价值取向引领大众消费和社会导向，弘扬正能量，让人们懂得真善美，鞭挞假恶丑，对公众的消费态度、消费行为进行正确的引导。复次，建立监督奢靡浪费的平台非常关键，通过这样的监督平台及时曝光、坚决处理诸多浪费现象，逐步引导人们做到不敢浪费、不能浪费、不想浪费。监督奢靡浪费平台对于过度消费、破坏环境的行为要坚决抵制，定期曝光，因环境污染、破坏生态而引发的损害赔偿问题相关案例定期在平台公布，做以警示，让公众知晓面对遭受损害需要进行赔偿等问题，弘扬节约光荣、浪费可耻的生态消费理念，将中华传统文化发扬光大，对各类奢靡浪费之风有效遏制。最后，依托家庭、单位或社区组织开展节电节水节能等各类活动，提高广大市民参与活动的积极性和主动性，逐步形成“保护环境、人人有责”的良好社会风尚。当然，美丽中国生态人格的培育也需要自我约束和社会法律法规相结合，通过法律法规纠正人们的错误、非生态行为，同时对于没有违法、违规，却对生态不利的行为，用道德自律来补充。用较高的道德自律标准约束自己，是美丽中国建设的关键一步。各种生态问题不一定都是人类违法造成的，更多的是人类无度、浪费的

① ［美］R. T. 诺兰：《伦理学与现实生活》，姚新中等译，华夏出版社1988年版。

生活方式促成的，加强对人类活动的道德约束和限制，在道德层面养成自律意识和自律精神，当外在的规范变成个体内在的一种约束时，人类的生态人格基本形成了。

生态人格的建立与培育可以唤醒和纠正以往人们忽视自然、歪曲自然，与自然不和谐的态度和做法，认清自然在人类社会中的作用。生态人格是美丽中国建设对人格的必然要求，学校、家庭以及社会的培育只是生态人格形成的辅助手段，生态人格培育是对人类自身发展的一种高要求，关键还在于消费主体本身。消费主体本身要用科学知识、科学态度去处理人与自然的关系问题，秉承尊重自然的人文情怀和价值理念，发挥生态人格的隐形堡垒作用，将人文关怀、伦理道德融入对自然的改造中；同时它更需要的是具备自律精神和自觉意识，还要付诸实践与行动。如果生态人格丧失，那么人与自然的关系很难协调，甚至美丽中国的实现也会变得虚无缥缈，缺乏内在动力机制。因而，塑造全社会的公民将美丽中国建设的社会要求内化为个人的生态人格品质，是人类命运共生性的彰显，也是美丽中国实现的永久保障机制。

结 语

一、结论

美丽中国是党的十八大首次提出的全新概念，是把生态文明建设摆在与经济建设、政治建设、文化建设和社会建设全过程建设同等的高度来论述的，把生态文明建设融入“五位一体”总体布局中是我们党对生态文明建设高度重视的体现，也是我们党对经济发展趋势正确把握的彰显。阿格尔作为生态学马克思主义的重要代表人物，以其历史唯物主义的理论视角，将社会批判的视角从生产领域转向消费领域，通过对异化消费的批判，揭示资本主义制度反生态的性质，使人们意识到异化现象充斥着资本主义社会全过程。阿格尔对异化消费视域的研究是基于马克思及前人开辟的思想路线而延续下来的，该理论涉及经济学、伦理、道德与人文等多种范畴。尽管阿格尔关于异化消费的批判理论有诸多的局限性，然而他对异化消费本质的批判、后果的揭示以及构建生态消费社会的深刻思考与理论贡献，为新时代美丽中国建设提供了可循之迹。

本书运用原著阅读、文献分析、辩证论证和理论与实际的方法，追溯了阿格尔的生平及异化消费理论的来源，阐述了阿格尔异化消费理论的主要内容，包括他首次提出了异化消费是“商品补偿”现象的概念、指出异化消费的本质在于异化劳动、异化消费带来人类生存危机、克服异化消费现象要靠建立“生态社会主义”制度等；高度评价了阿格尔异化消费的积极意义在于揭露了异化消费的资本主义本质、开辟了生态社会主义的理论视域、重构了生产与消费的生态经济学理念、揭露了资本主义制度缺陷。同时具有夸大异化消费的社会作用、对生态危机的制度根源认识不彻底、所提出的“稳态经济”与“生态社会主义”具有乌托邦性质的局限性。

在客观完整阐述和评价阿格尔异化消费理论的基础上，围绕美丽中国建设战略目标的实现和建设，从理念借鉴、现实问题、目标解读、实现机制四个方面得出了以下启示。

第一，阿格尔异化消费理论对于我们正确认识生态学马克思主义从而确立马克思主义的生态立场具有启示意义。从阿格尔异化消费理论作为生态学马克思主义的核心议题的地位，其超越其他生态学马克思主义同行的理论高度以及对马克思主义理论的继承和发展等方面，把握了生态学马克思主义的实质，拓展并深化了对生态学马克思主义的认识和理解。生态学马克思主义是我们进行生态文明建设宝贵的思想来源，对于我们正确理解生态学马克思主义，挖掘阿格尔异化消费理论的生态学马克思主义的理论价值提供价值启示。

第二，阿格尔异化消费理论警醒并提升了中国对异化消费问题的认识。在考察改革开放以来中国社会异化消费的表现、特点及后果的基础上，分析了异化消费产生的四大原因：经济市场化、信息网络化、价值多元化和生活方式多样化，基于对中国现状的分析为中国积极破解异化消费提供启示，主张从“资本与异化消费”“技术与异化消费”“文化与异化消费”“劳动与异化消费”等方面找出异化消费产生、发展和消亡的规律，拓展了阿格尔异化消费理论的中国研究视域。

第三，阿格尔异化消费理论佐证并深化了对美丽中国建设的认识。异化消费观念及思潮的存在是与美丽中国建设背道而驰的，我国推进美丽中国建设，就必须加强对异化消费的批判，这是实现美丽中国的基础。通过对生态文明建设提出的“绿色发展”目标、“五位一体”总体布局、“生态红线”警示制度等分析，阐述阿格尔异化消费理论的贡献为美丽中国建设的借鉴价值，有助于深化理论界对美丽中国建设目标的认识和理解。

第四，阿格尔异化消费理论启示我们实现美丽中国的目标要靠培育生态人格来建立长久保障机制。从生态人格的目标，生态人格的构建和生态人格培育以及具体从强化学校生态哲学教育、注重家庭消费习惯的养成和加强社会消费方式的引导三个方面培育生态人格，促进并强化了生态人格的形成。

总之，我们要用辩证的思维方式去对待阿格尔的异化消费思想和理论，对其理论贡献我们要充分肯定，对其理论缺陷我们也要划清界限，积极汲取其理论精华，在借鉴的基础上升华其理论成果为美丽中国的建设服务。

二、本书的创新点

1. 凝练出对认识生态学马克思主义的理论价值

在系统阐述阿格尔异化消费理论基本内容和主要观点的基础上，凝练出对认识生态学马克思主义的理论价值。具体表现为，第一，阿格尔异化消费理论确立了生态学马克思主义的核心议题；第二，阿格尔异化消费理论对生态学马克思主义同行的超越；第三，阿格尔异化消费理论对马克思主义的继承和发展。以上三个方面深化了对生态学马克思主义的认识，把握了生态学马克思主义的实质。

2. 揭示出中国改革开放以来异化消费问题形成的原因及发展规律

揭示出中国改革开放以来异化消费问题形成的原因，主要是经济市场化、信息网络化、价值多元化和生活方式多样化等原因。提出从“资本与异化消费”“技术与异化消费”“文化与异化消费”以及“劳动与异化消费”四个维度进一步把握异化消费产生、发展和消亡的历史规律，拓展了阿格尔异化消费理论的中国研究视域。

3. 提出生态人格的构建和培育是美丽中国建设目标实现的长远保障机制

基于阿格尔异化消费理论的启示，从生态人格目标、生态人格构建以及生态人格培育三个方面提出了具体的实现措施，具体从强化学校生态哲学教育、注重家庭消费习惯的养成和加强社会消费方式的引导三个方面培育生态人格，促进并强化了生态人格的形成。

三、展望

阿格尔是当代马克思主义者，阿格尔异化消费理论对美丽中国的建设有现实启示，对于中国特色社会主义经济、政治、文化及生态化建设具有借鉴价值，本书只是攫取阿格尔异化消费理论的核心内容，探讨了其生态学马克思主义观点对中国现实问题的启示，如对中国异化消费问题产生、实质和规律的认识，对美丽中国宏伟目标建设的启示以及构建生态人格这一长久保障机制的认识等，关于其他方面的价值挖掘和探讨将在以后的研究中继续展开。

在对阿格尔异化消费理论进行研究的过程中，我们也清晰地看到阿格尔有一些非马克思主义的观点。其一，阿格尔始终没有认识到资本主义的主要矛盾是造成生态危机的根本原因，片面夸大了消费的社会功能，认为异化消费导致生态危机，资本主义的危机已经从经济危机转向了生态危机，这不免对马克思主义的理解和认识产生偏颇；其二，在阿格尔那里，生态社会主义作为克服异化消费的根本出路和解决异化消费的对策思路，他用“分散化”“非官僚化”的方式推行稳态经济以控制经济增长的速度，以期达到限制消费目的，他的“零增长”的稳态经济模式违背经济发展规律，是对马克思主义的片面的理解，同时因资本主义生产方式的局限性而始终排斥商品生产的做法，始终无法解决根本矛盾，也解决不了生态危机，终究无法找到消灭资本主义生产关系这一根本途径，因此在现实中也不可行，在理论上类似于空想社会主义，本书对这些问题还需要做深刻的反思和批判。

纵观全文，从阿格尔异化消费理论中我们已经清醒地看到，异化消费扭曲人的个性，与人类本性发展相悖，同时污染环境，造成生态失衡，与自然和谐发展相悖。人类的贪婪、无度、奢靡最终会造成自然界持续供应人类需求的能力下降，人类精神世界的贫瘠和空虚，必将影响可持续发展伟大战略的进程。美丽中国的建设离不开“自然美”“社会美”和“人美”三个重要元素，坚定社会主义制度，走中国特色社会主义生态文明建设道路是克服异化消费，实现美丽中国“自然美”的唯一出路；改变人类奢侈、低俗的异化消费状态，促进消费方式的生态化和理性化，并最终实现经济合理化、生态的合理性、伦理合情化是美丽中国“社会美”实现的必由之路；改变消费观念，实现有利于中国生态文明建设的可持续的消费观和价值观，建立具有中国特色社会主义生态人格是摒弃异化消费，实现美丽中国“人美”的必要条件。摒弃异化消费不是一朝一夕就能够实现的，体现的是一种文明和进步，追求个体自由的状态，是个体和谐性的彰显，也是社会文明的象征，更是社会进步的标志。如果人类的消费思潮不朝着生态化的方向发展，如果人类仍然坚持无度的生活方式，那么转变经济发展方式就是空话，实现生态文明社会、建设美丽中国也是遥遥无期。借鉴阿格尔异化消费理论的积极价值，吸收其理论局限性的经验教训，升华其理论成果形成有利于中国特色社会主义建设的宝贵经验，为新时代实现人与自然和谐共生，为实现伟大的中国梦铸造思想基础。摈弃异化消费，推进生态消费，是一项全民族乃至全人类的事业，需要当代人乃至数代人的共同努力，真正实现从异化消费回归到生态消费，走向人类文明、和谐、进步的生态之路，必须要付出代价，要有所节制、有所牺牲，才有可能实现。因此，摒弃异化消费，推动生态消费是全人类共同的责任，中国作为一个负责任的大国，其生态文明建设彰显了对子孙、对世界负责的人类命运共同体精神，中国对全人类的生态文明建设一定会做出应有的贡献，美丽中国一定会实现。

参考文献

一、中文文献

（一）著作

[1][法]让·波德里亚：《消费社会》，刘成富，全志钢译，南京大学出版社2000年版。

[2][古希腊]亚里士多德：《政治学》，吴寿彭译，商务印书馆1965年版

[3][美]埃利希·弗洛姆：《在幻想枷锁的彼岸》，张燕译，湖南人民出版社1986年版。

[4][美]埃利希·弗洛姆：《健全的社会》，孙恺详译，中国文联出版公司1989年版。

[5][美]艾伦·杜宁：《多少算够—消费社会与地球的未来》，毕聿译，吉林人民出版社1997年版。

[6][美]贝尔：《后工业社会的来临》，高恬等译，新华出版社1997年版。

[7][美]丹尼尔·贝尔：《资本主义文化矛盾》，赵一凡译，生活·读书·新知三联书店1989年版。

[8][美]德尼·古莱：《发展伦理学》，高铦，温平等译，社会科学文献出版社2003年版。

[9][美]哈罗德·J.伯尔曼：《法律与宗教》，梁治平译，中国政法大学出版社2003年版。

[10][美]亨廷顿：《文明的冲突与世界秩序的重建》，周琪等译，新华出版社1998年版。

[11][美]蕾切尔·卡尔逊（R.Carson）：《寂静的春天》，恽如强，曹一林译，中国青年出版社2015年版。

[12][美]马斯洛：《人类价值新论》，胡万福等译，河北人民出版社1988年版。

[13][美]施里达斯·拉尔夫：《我们的家园—地球》，夏堃堡译，中国环境科学出版社1993年版。

[14][美]詹姆斯·奥康纳：《自然的理由—生态学马克思主义》，唐正东等译，南京大学出版社2003年版。

[15][日]池田大作:《池田大作集—环境问题指南》，苗月译，远东出版社1997年版。

[16][英]亚当·斯密：《国民财富的性质和原因研究》（上），郭大力，王亚南译，商务印书馆1981年版。

[17][美]本·阿格尔：《西方马克思主义概论》，慎之等译，中国人民大学出版社1991年版。

[18]陈学明：《谁是罪魁祸首：追寻生态危机的根源》，人民出版社2012年版。

[19]程恩富：《消费理论古今谈》，经济科学出版社1990年版。

[20]付安玲：《思想政治教育个体价值论》，人民出版社2018年版。

[21]高文武,关胜侠：《消费主义与消费生态化》，武汉大学出版社2011年版。

[22]郝永平：《地球告急：挑战人类面临的25种危机》，当代世界出版社1998年版。

[23]何小青：《消费伦理研究》，上海三联书店2007年版。

[24]解保军：《生态学马克思主义名著导读》，哈尔滨工业大学2014年版。

[25]李宏伟：《马克思主义生态观与当代中国实践》，人民出版社2015年版。

[26]李通屏：《中国消费制度变迁研究》，经济科学出版社2005年版。

[27]林白鹏：《中国消费结构学》，经济科学出版社1987年版.

[28]刘方喜：《消费社会》，社会科学出版社2011年版。

[29]刘晓君：《微小的暴行：生活消费的环境影响》，北京理工大学出版社2015年版。

[30]刘子兰：《消费经济前沿理论研究》，经济科学出版社2010年版。

[31]刘晓勇：《生态学马克思主义与当代中国可持续发展研究》，中国社会科学出版社2018年版。

[32]罗钢：《消费文化读本》，中国社会科学出版社2005年版.

[33]罗骞：《论马克思的现代性批判及其当代意义》，上海人民出版社2007年版。

[34][美]马尔库塞：《爱欲与文明》，上海译文出版社1987年版。

[35][美]马尔库塞：《单向度的人》，上海译文出版社1989年版。

[36][美]马斯洛：《马斯洛人本哲学》，九州出版社2003年版。

[37]闵绪国：《思想政治教育价值研究》，人民出版社2017年版。

[38]莫少群：《20世纪西方消费社会理论研究》，社会科学文献出版社2006年版。

[39]舒马赫：《小的是美好的》，译林出版社2007年版。

[40]孙立平：《断裂—20世纪90年代以来的中国社会》，社会科学文献出版2013年版。

[41]万俊人：《现代西方伦理学史》，北京大学出版社1990年版。

[42]万希平：《生态马克思主义理论研究》，天津人民出版社2014年版。

[43]王宁：《消费社会学》，社会科学文献出版社2001年版。

[44]王雨辰：《生态马克思主义与生态文明研究》，人民出版社2015年版。

[45]王雨辰：《生态批判与绿色乌托邦》，人民出版社2009年版。

[46]王雨辰：《哲学批判与解放的乌托邦》，黑龙江大学出版社2007年版。

[47][加]威廉·莱斯：《自然的控制》，岳长龄译，重庆出版社2007年版.

[48]吴宁：《生态学马克思主义思想简论（上册）》，中国环境出版社2015年版。

[49]吴宁：《生态学马克思主义思想简论（下册）》，中国环境出版社2015年版。

[50]吴宛华：生存生态学》，天津人民出版社2014年版。

[51]项久雨：《思想政治教育价值论》，中国社会科学出版社2003年版。

[52]邢贲思：《费尔巴哈的人本主义》，上海人民出版社1981年版。

[53]徐崇温：《怎样认识“西方马克思主义”》，重庆出版社2012年版年版。

[54]闫方洁：《西方新马克思主义的消费社会理论研究》，上海世纪出版集团2012年版。

[55]杨春贵：《马克思主义哲学教程（修订本）》，中共中央党校出版社1997

年版。

[56]杨家栋：《消费经济学》，中国商业出版社2008年版。

[57]杨信礼：《发展哲学引论》，陕西人民出版社2001年版。

[58]俞海山：《可持续消费模式论》，经济科学出版社2002年版。

[59]余谋昌：《文化新世纪》，中国矿业大学出版社1996年版。

[60]俞吾金，陈学明：《国外马克思主义哲学流派新编·西方马克思主义卷》，复旦大学出版社2002年版。

[61]袁贵仁：《马克思的人学思想》，北京师范大学出版社1996年版。

[62]袁培树等：《消费经济学批判》，学林出版社1988年版。

[63][美]约翰·贝拉米·福斯特：《马克思的生态学：唯物主义与自然》，刘仁胜译，高等教育出版社2006年版。

[64]曾璧钧.《我国居民消费问题研究》，中国计划出版社1997年版。

[65]曾建平：《消费方式生态化：从异化到回归》，湖南师范大学出版社2015年版。

[66]曾文婷：《生态学马克思主义研究》，重庆出版社2008年版。

[67]曾文婷，郭剑仁，徐艳梅等：《"生态学马克思主义"与马克思主义比较研究》，社会科学文献出版社2015年版。

[68]张耀灿，郑永廷，吴潜涛等：《现代思想政治教育学》，人民出版社2006年版。

[69]张云飞：《生态文明—建设美丽中国的创新抉择》，湖南教育出版社2014年版。

[70]赵吉林：《中国消费文化变迁研究》，经济科学出版社2009年版。

[71]赵玲：《消费合宜性的伦理意蕴》，社会科学文献出版社2007年版。

[72]郑湘萍：《生态马克思主义的生态批判理论研究》，中国书籍出版社2015年版。

（二）论文

[73]白洁：《国内关于消费主义思潮的研究综述》，《思想政治教育研究》2016年第12期。

[74]包庆德：《评阿格尔生态学马克思主义异化消费理论》，《马克思主义研究》2012年第4期。

[75]包庆德：《评阿格尔生态学马克思主义若干基本问题》，《中国社会科学院研究生院学报》2014年第5期。

[76]常宴会：《本·阿格尔生态学马克思主义理论的启示》，《河海大学学报》（哲学社会科学版）2013年第9期。

[77]陈品玉，罗教讲：《人格生态特质的构成及其对生态旅游行为的影响》，《贵州社会科学》2017年第2期。

[78]程波，钟谟智：《生态学马克思主义的生态经济思想研究》，《自然辩证法研究》2019年第10期。

[79]程海荣：《消费伦理观的历史演进与时代变革》，东北师范大学博士学位论文，2009年，第18-20页。

[80]崔文奎：《人的满足最终在于创造性的生产劳动—生态学马克思主义者本·阿格尔的一个重要思想》，《山西大学学报》2008年第1期。

[81]崔永杰：《用生态学思想阐释马克思何以可能—兼论马克思主义在生态文明建设中的指导地位》，《理论学刊》2018年第11期。

[82]邓玲，王芳：《习近平“生命共同体”重要论述的理论内蕴与时代意义》，《治理研究》2019年第2期.

[83]丁汉文：《资本主义的生态批判与生态社会主义的理论构建》，吉林大学博士学位论文，2018年，第25页。

[84]冯开甫，李小双：《高校思想政治教育文化价值的表现形态》，《思想政治教育研究》2017年第10期。

[85]冯浩然，郭志平：《论信息网络化对马克思主义意识形态指导地位的影响》，《浙江海洋大学学报》（人文科学版）2018年第6期。

[86]关键，胡海波：《西方马克思主义异化理论的历史考察及价值评述》，《学术交流》2011年第8期。

[87]关键：《西方马克思主义异化理论研究》，东北师范大学博士学位论文，2012年，第30页。

[88]何萍：《自然唯物主义的复兴—美国生态学的马克思主义哲学评析》，《厦

门大学学报》（哲学社会科学版）2001年第2期。

[89]侯子峰：《本·阿格尔的生态学马克思主义研究—以“劳动闲暇一元论”为中心》，《北方论丛》2016年第3期。

[90]侯佳儒，曹荣湘：《生态文明与法治建设》，《马克思主义与现实》2014年第6期。

[91]华章琳：《高校思想政治教育亟待破解的几个理论误区》，《学术论坛》2014年第8期。

[92]黄翠新：《论生态自由》，南京师范大学博士学位论文，2013年，第13页。

[93]贾雪丽：《消费主义思潮及对社会价值观的影响》，《齐鲁学刊》2016年第1期。

[94]蒋建国：《马克思主义消费文化理论及其当代意蕴》，《马克思主义研究》2007年第3期。

[95]靳丽静：《高兹的生态马克思主义理论及当代价值研究》，吉林大学博士学位论文，2019年，第35页。

[96]黎海燕：《消费社会休闲的异化与理性回归》，《理论学刊》2017年第4期。

[97]李干杰：《“生态保护红线”—确保国家生态安全的生命线》，《求是》2014年第2期。

[98]李金勇，党晨晨：《本·阿格尔生态危机理论及其对建设美丽中国的启示》，《技术与创新管理》2020年第1期。

[99]李宁，戴艳军：《阿格尔异化消费理论的生态价值》，《山东社会科学》2019年第8期。

[100]李映红，黄明理：《困境与出路：由消费主义到生态消费之必然》，《云南社会科学》2011年第3期。

[101]刘贵华：《论教育在生态文明建设中的基础作用》，《教育研究》2013年第12期。

[102]刘贵华：《新世纪大学教育的“生态化”路向》，《未来与发展》2001年第1期。

[103]刘解龙：《循环经济发展中的生态消费推动对策》，《湖南社会科学》2007年第6期。

[104]刘玉：《法兰克福学派的消费异化论和生态危机论》，《学术界》2006年第1期。

[105]刘同舫：《自由全面发展—人类解放的最高境界与必然归宿》，《江汉论坛》2012年第7期。

[106]刘羽婷：《生态学马克思主义价值观研究》，辽宁大学博士学位论文，2019年，第30页。

[107]吕明洋：《习近平“奋斗幸福观”之哲学意蕴》，《理论界》2019年第3期。

[108]吕中梅：《习近平新时代中国特色社会主义生态法治思想研究》，《江汉论坛》2018年第1期。

[109]毛勒堂，韩涛：《劳动幸福：一个批判性的哲学审视》，《思想理论教育》2019年第6期。

[110]穆斐，陈旻等：《威廉·莱斯“生态学马克思主义”理论的现实启示》，《武汉理工大学学报》（社会科学版）2018年第9期。

[111]倪传洲：《人类命运共同体视域下的污染环境罪规制模式反思》，《昆明理工大学学报》（社会科学版）2020年第2期。

[112]祁松林：《马克思的危机理论与当代社会的生态危机》，《科学社会主义》2019年第3期。

[113]祁松林：《走向生态正义的自然概念和需要概念—反思威廉·莱斯生态学马克思主义的概念基础》，吉林大学博士学位论文，2019年，第38页。

[114]邱海燕：《弗洛姆消费异化理论对大学生生活方式的启示》，《湖北社会科学》2015年第11期。

[115]任铃，王伟：《共同体视域下的“两山论”及其实现方式》，《思想政治教育研究》2019年第10期。

[116]申治安：《阿格尔对法兰克福学派的继承与发展—阿格尔作为第三代批判理论家何以可能？》，《内蒙古大学学报》（哲学社会科学版）2012年第11期。

[117]申治安：《当代资本主义批判与绿色解放之路—本·阿格尔生态学马克思主义思想研究》，上海交通大学博士学位论文，2012年，第56页。

[118]申治安，王平：《阿格尔对当代资本主义的多维度批判》，《毛泽东邓小平

理论研究》2012年第2期。

[119]孙天蕾：《生态学马克思主义对人与自然的探究与启示》，《山东师范大学学报》（人文社会科学版）2017年第5期。

[120]舒玲：《关于生态学马克思主义“异化消费论”的哲学考量》，《武汉科技大学学报》（社会科学版）2011年第10期。

[121]孙宜芳：《提升思想政治教育解释力的四个维度》，《思想政治教育研究论丛》2013年第10期。

[122]万希平：《政治哲学视域下的生态马克思主义研究》，南开大学博士学位论文，2009年，第39页。

[123]王鸽，李庆霞：《生态学马克思主义视域中绿色发展理念研究》，《思想教育研究》2016年第10期。

[124]王格芳：《本·阿格尔的“生态学马克思主义”理论探析》《山东师范大学学报》（人文社会科学版）2009年第3期。

[125]王瑾：《“生态学马克思主义”和“生态社会主义”—评介绿色运动引发的两种思潮》，《教学与研究》1986年第6期。

[126]王金福：《对马克思关于实现人的自由全面发展理论的再思考》，《南京政治学报》2010年第5期。

[127]王金磊，吕瑶：《习近平新时代生态文明思想的逻辑思路》，《湖南社会科学》2018年第4期。

[128]王少芬：《我国家庭消费支出的影响因素分析》，《闽南师范大学学报（哲学社会科学版）》2019年第3期。

[129]王世涛，燕宏远：《“生态学马克思主义”论析》，《哲学动态》2000年第2期。

[130]王顺玲：《生态伦理及生态伦理教育研究》，北京交通大学博士学位论文，2013年，第37页。

[131]王晓为，王尧：《生态人格的养成：大学生伦理道德培育的新维度》，《思想政治教育研究》2018年第10期。

[132]王新萍：《北美生态学马克思主义研究》，华东师范大学博士学位论文，2014年。

[133]王学伟：《马尔库塞与阿格尔生态马克思主义理论之比较》，《学术交流》2008年第12期。

[134]王雨辰：《论西方马克思主义消费伦理价值观》，《陕西师范大学学报》（哲学社会科学版）2010年第11期。

[135]王雨辰：《生态辩证法与解放的乌托邦》，《武汉大学学报》（人文科学版）2006年第3期。

[136]王雨辰：《生态马克思主义研究的中国视阈》，《马克思主义与现实》2011年第5期。

[137]王雨辰：《虚假需要，异化消费与生态危机—论生态学马克思主义的需要理论及其当代价值》，《贵州大学学报》2019年第3期。

[138][加]威廉·莱斯：《“生态学马克思主义”理论的现实启示》，《武汉理工大学》（社会科学版）2018年第9期。

[139]夏永梅：《解读中国异化消费现状》，《西南政法大学学报》2002年第3期。

[140]徐崇温：《当代西方社会的生态社会主义思潮评析》，《马克思主义研究》2009年第2期。

[141]许全兴：《马克思对德国古典哲学自由精神的继承和发展》，《中共中央党校学报》2005年第3期。

[142]仰海峰：《惰性实践、物的指令与物化的社会场域》，《马克思主义与现实》2009年第3期。

[143]游剑飞：《消费主义的自由悖论》，华侨大学博士学位论文，2012年，第41页。

[144]于光远，马惠娣：《关于消费在社会生活、经济运动中的地位和作用的对话》，《自然辩证法研究》2002年第9期。

[145]曾文婷：《反对生态中心主义的人类中心主义—反对生态中心主义的人类中心主义》，《社会科学家》2004年第1期。

[146]曾文婷：《“生态学马克思主义”的生态危机理论评析》，《北方论丛》2005年第5期。

[147]曾文婷：《“生态学马克思主义”与马克思主义》，《学术论坛》2005年第

10期。

[148]张爱丰：《消费哲学引论》，中共中央党校博士学位论文，2008年，第35页。

[149]张凤翠：《本·阿格尔的生态学马克思主义研究》，吉林大学博士学位论文，2015年，第8页。

[150]张虎生，陈映婕：《对奢侈消费的文化解读》，《兰州大学学报》（社会科学版），2007年第5期。

[151]张红岭：《生态学马克思主义的核心问题及其对我们的启示》，《浙江社会科学》2011年第2期。

[152]张慧，林美卿：《本·阿格尔的“生态学马克思主义”探究》《社科纵横》2017年第12期。

[153]张乐民：《奥康纳与阿格尔的生态危机理论比较探析》，《马克思主义研究》2012年第10期。

[154]张苗苗：《思想政治教育价值及相关概念辨析》，《学习党建与思想教育》2017年第2期。

[155]张笑涛：《消费社会中大学道德教育的使命—从消费主义到消费正义》，华中科技大学博士学位论文，2012年，第28页。

[156]张兴桥：《消费异化与消费伦理长春》，吉林大学博士学位论文，2004年，第21页。

[157]张亚雷，顾国维：《绿色技术与可持续发展》，《中国人口资源与环境》1997年第3期。

[158]张忠跃：《自然的反叛—论生态马克思主义对传统马克思主义的重构》，《前沿》2013年第7期。

[159]赵聪聪：《新时代美丽中国建设的理论缘起于实现理路—基于马克思主义生态观视角》，《中共天津市委党校学报》2019年第1期。

[160]赵玲：《消费的人本意蕴及其价值回归》，《哲学研究》2006年第9期。

[161]赵卯生：《生态危机下人的解放—阿格尔生态学马克思主义理论评析》，《国外马克思主义》2011年第1期。

[162]赵卯生：《生态学马克思主义主旨研究》，《学术研究》2011年第8期。

[163]赵卯生，杨晓芳：《阿格尔建构生态学马克思主义的四重维度》，《马克思主义研究》2011年第8期。

[164]赵卯生，杨晓芳：《马克思主义的重建与人的解放》，《中国人民大学学报》2010年第5期。

[165]赵志强，杨建飞：《生态视阈下的马克思资本逻辑批判与当代中国镜鉴》，《当代经济研究》2019年第4期。

[166]郑红娥：《树立与科学发展观相适应的经济增长观和消费观》，《社会科学家》2005年第9期。

[167]郑湘萍：《生态学马克思主义的生态中心主义“红色”批判理论》，《前沿》2011年第5期。

[168]郑湘萍：《生态学马克思主义的幸福观与幸福中国建设》，《前沿》2012年第17期。

[169]周穗明：《“生态马克思主义”：论生态学与马克思主义的关系》，《新视野》2016年第3期。

[170]朱波：《生态马克思主义的当代价值》，《云南行政学院学报》2017年第4期。

[171]朱国芬：《高校生态德育思路的拓展与延伸》，《江苏高教》2015年第4期。

[172]庄立峰，叶海涛：《高兹生态学马克思主义思想的考察》，《思想理论研究》2014年第4期。

（三）报纸及其他文献

[173]《2017中国奢侈品报告》，http：//www.199it.com/archives/602246.html，最后检索时间：2019年4月30日。

[174]《2017/2018年中国消费市场发展报告》，http：//baijiahao.baidu.com/s?id=1593273919304487181&wfr=spider&for=pc，最后检索时间：2020年3月1日。

[175]《2018年居民收入和消费支出情况》，http：//www.199it.com/archives/824836.htm，最后检索时间：2019年7月30日。

[176]麦肯锡：《2019中国奢侈品报告》，http：//www.199it.com/

archives/868486.html?weixin_user_id=18o6ETQjkprRiJfbvzIX84CXpgH3Ik，最后检索时间：2020年3月30日。

[177] 《2019年轻人消费生活报告：过度消费已经主流》，http：//www.sohu.com/a/291865686_795223，最后检索时间：2020年1月30日。

[178]《红线是实线关键在执行—解读《国家生态保护红线—红线功能基线划定技术指南（试行）》，《中国环境报》2014年1月28日。

[179]胡锦涛：《坚定不移沿着中国特色社会主义道路前进为全面建成小康社会而奋斗》，《人民日报》2012年11月8日。

[180]贺蓉：《推动生态文明体制改革任务落地》，《中国环境报》2017年5月19日。

二、外文文献

（一）著作

[181] Andre Gorz， A Critique of Economic Reason(London:London Press)，p.1989.

[182] Anna Bramwell， Ecology in the 20th Century： A History(New Haven Connecticut， Yale University Press)，p.1989.

[183] Ben Agger， Critical Social Theories： An Introduction(Boulder， Westview Press)，p. 1998.

[184] Ben Agger， The Discourse of Domination： From the Frankfurt school to Postmodernism(Evanston， Northwestern University Press)，p.1992.

[185] Ben Agger， Western， Marxism： An Introduction(Santa Monica， Goodyear Publishing Company Inc)，1979.

[186] Ben Agger， Postponing the Postmodern： Sociological Practices， Selves and Theories (Lanham， MD： Rowman & Littlefield)，p. 2002.

[187] Ben Agger（with S.A.McDaniel）， Social problems through Conflict and Order(Toronto，Addison—Wesley)，p. 1982.

[188] Ben Agger， The Virtual Self： A Contemporary Sociology(Boston， Blackwell)，p.2004.Wk[189] Ben Agger， Gender， Culture and Power： Toward a

Feminist Postmodern Critical Theory(Westport， CT： Praeger Publishers)，p. 1993.

[190] Ben Agger， Fast Capitalism： A Critical Theory of Significance(Champaign，University of Illinois Press)，p.1989.

[191] Ben Agger， Reading Science： A Literary， and Sociological Analysis(Dix Hills， NY：GeneralHall)，p. 1989.

[192] Ben Agger， Public Sociology： From Social Facts to Literary Acts(Lanham， MD： Rowman and Littlefield)，p. 2000.

[193] Ben Agger， Speeding Up Fast Capitalism： Cultures， Jobs， Families， Schools， Bodies(Boulder， Paradigm Publishers)，p. 2004.

[194] Ben Agger & Beth Anne Shelton， Fast Families， Virtual Children： A Critical Sociology ofFamilies and Schooling(Boulder， Paradigm Publishers)，p.2007.

[195] Ben Agger （with Timothy W. Luke），There is a Gunman on Campus： Tragedy and Terror at Virginia Tech(Lanham， MD： Rowman & Littlefield)，p.2008.

[196] Ben Agger， The Sixties at 40： Leaders and Activists Remember & Look Forward(Boulder，Paradigm Publishers)，p. 2009.

[197] Ben Agger， Body Problems： Running and Living Long in Fast—Food Society(London， Routledge)，p. 2010.

[198] Ben Agger， socio（onto）logy： A Disciplinary Reading， Champaign(Urbana， University of Illinois Press)，p. 1989.

[199] Ben Agger， The Decline of Discourse： Reading， Writing and Resistance in Postmodern Capitalism(London， Philadelphia： Falmer Press)，p.1990.

[200] Ben Agger， A Critical Theory of Public Life： Knowledge， Discourse and Politics in an Age of Decline(London， Philadelphia： Falmer Press)，p. 1991.

[201] Ben Agger， Cultural Studies as Critical Theory(London， Philadelphia： Falmer Press)，p. 1992.

[202] Herbert Marcuse， Studies in Critical Philosophy(Boston， Beacon Press)，p.1972.

[203] James O’Connor， Natural Causes(New York， The Guilford Press)，p. 1998.

（二）论文

[204] Bernd Baldus，“Review”，The Canadian Journal of Sociology 3（1999）：pp.426—428.

[205] Ben Agger，“Work and Authority in Marcuse and Habermas”，Human Studies 1（1979）：191—208.

[206] Ben Agger，“Marcuse’s Freudian Marxism”，Dialectical Anthropology 4（1982）：319—336.

[207] Ben Agger，“Marxism ‘or’ the Frankfurt School?”，Philosophy of the Social Sciences 13（1983）：347—365.

[208] Charles C. Lemert, “Review，” The American Journal of Sociology 2（1994）：556—558.

[209] Dennis Forcese，“Review”，The Canadian Journal of Sociology 9（1984）：365—366.

[210] Lewis A.Coser，“Review，” Contemporary Sociology 6（1992）：283—284.

[211] Lawrence E.hazelrigg，“Review”，Social Forces 2（1991）：555—557.

后 记

选择对生态学马克思主义学者阿格尔的理论展开研究，缘起于阿格尔所著的《西方马克思主义概论》一书，在深入进行研读的过程中，能够看到阿格尔思想严谨、逻辑性强，他对生态危机的警示以及对人的危机的预测，都对生态文明建设的今天都有一定的现实启示。

阿格尔作为一名学者，生活在当代资本主义社会，他从自身对马克思主义的理解和从资本主义生态危机的视角所提出的异化消费理论，不仅为资本主义社会克服生态危机开出了药方，也为人类在经济全球化条件下考量人与自然的关系留下了宝贵的思想财富。他的理论精华为中国生态文明建设和社会发展中汲取生态学马克思主义的理论研究成果，正确认识当前社会中出现的异化消费现象和思潮，坚定走“五位一体”中国特色社会主义道路的“四个自信”，培育和造就能够体现出生态社会建设主体精神的公民人格，从而为美丽中国建设构建长久保障机制具有重大启示价值。阿格尔异化消费理论对美丽中国建设的启示，彰显了生态命运共同体的全球性本质。当然，在对阿格尔异化消费理论进行研究的过程中，可以清晰地看到有一些非马克思主义的观点，本书并对此进行了剖析，因为篇幅的限制和水平的局限，笔者在书中对这些问题处理的还不够谨慎，还需要做深刻的反思和批判，也恳请读者提出宝贵的意见。

笔者有幸从硕士到博士求学期间，始终在大连理工大学求学，一朝大工人，一世母校情。饮水思源，唯有感动！硕士期间师从王子彦教授，主攻生态哲学方向；博士期间师从戴艳军教授，主攻思想政治教育方向。通过两个专业方向的学术积累，让我对于撰写本书有了一定的研究基础，增加了自己的信心和决心。在此，对于培养我走上学术道路的二位导师表示深深的感谢。诚挚感谢大连理工大学马克思主义学院的洪晓楠、魏晓文、胡月等诸位导师真挚无私的帮助指导。感谢杨波师姐对我学术上的引领与帮助，她毫无保留地与我交流学术，成了我的学术闺蜜。也感谢蒋萃玢同学对我个人发展的关心。我还要感谢大连外国语大学学科发展规划处对本书出版的大力支持。同时，本书的出版离不开中国戏剧出版社的悉心指导与指正，在此，一并表示感谢！

由于本人学术水平有限，难免存在有些思考不够成熟，有些观点有不妥之处，敬请学界同仁和广大读者不吝赐教！

最后，感谢我的母亲、姐姐、爱人与女儿，他们对我求学过程中给予了莫大的支持与鼓励，让我心怀感恩，他们是我不断调整状态、释放压力、对未来无限憧憬的现实支柱。著这本书是对我给他们的一份最好的礼物，也是对我九泉之下父亲的一个最好的慰藉。

感恩人生，感谢生命中的一切美好，未来我会继续努力，一如既往，不忘初心，砥砺奋进。

李　宁

2022 年 6 月